45일 완성! 초등 고학년 필수 맞춤법!

가장 쉬운
초등 맞춤법
띄어쓰기 꽃잎편
하루 한장의 기적

동양북스 콘텐츠기획팀 지음

동양북스

 맞춤법 공부를 시작하기 전에

#1 맞춤법과 띄어쓰기는 왜 지켜야 할까요?

여러분은 평소 친구들과 이야기를 할 때나 휴대폰으로 연락을 주고받을 때 어떤 말들을 사용하나요? 아마도 요즘 친구들 사이에서 유행하는 말이나 텔레비전 예능 프로그램에서 나왔던 재미있는 말들을 많이 쓸 거예요. 또, 하고 싶은 말을 빨리 쓰기 위해서 띄어쓰기를 하지 않거나 학교에서 글쓰기를 할 때처럼 맞춤법에 신경 쓰지 않을 때도 많을 거예요.

맞춤법이 조금 틀려도 친구들과 이야기할 때는 별로 불편하지도 않고, 또 맞춤법과 띄어쓰기를 다 지켜서 쓰는 것은 때로 귀찮게 느껴지기도 하죠. 그런데, 어른들은 왜 맞춤법과 띄어쓰기를 잘 지켜야 한다고 강조하시는 걸까요?

그 이유는 바로, 맞춤법과 띄어쓰기는 우리가 말하고 글을 쓸 때 지켜야 하는 약속이기 때문이에요. 초록불, 빨간불 신호에 맞추어 신호등을 건너고 멈추는 것처럼 말하고 글을 쓸 때에도 약속을 지켜야 해요.

#2 맞춤법과 띄어쓰기는 우리말을 사랑하는 방법!

맞춤법과 띄어쓰기는 우리가 지켜야 할 약속이면서, 우리말을 사랑하는 방법이기도 해요. 만약 모두가 맞춤법과 띄어쓰기를 제대로 하지 않는다면 우리말이 매우 어지러워질 거예요.

받침을 바르게 쓰고, 띄어쓰기를 정확히 지켜 쓰는 것은 생각만큼 쉽지 않죠. 또, 우리말의 맞춤법과 띄어쓰기는 헷갈리는 것도 많고 틀리기 쉬운 말도 많이 있어서 부담스럽게 느껴질 거예요. 하지만 조금씩 시간을 들여 공부한다면 점점 쉽고 재미있게 느껴질 거예요. 또, 많이 헷갈리는 낱말이라도 낱말의 뜻을 알고 나면 자신감도 생기고 국어 실력도 향상되는 것을 느낄 수 있을 거예요.

하루에 한 장씩 차근차근 공부하고 하나씩 알아가면서 우리말을 더욱 사랑하고, 더욱 바르게 사용하는 어린이가 되기를 바랍니다.

학습 확인표

하루의 공부가 끝나면 아래 표에 확인 표시를 해 보세요. 하루씩 하루씩 꾸준히 노력하다 보면 어느새 국어 실력이 쑥쑥 자라 있을 거예요.

단원		공부 내용
준비 학습		☐ 바른 글씨 준비
1장 소리가 비슷해서 틀리기 쉬워요	1일차	☐ 띠다 / 띄다
	2일차	☐ 배다 / 베다
	3일차	☐ 새다 / 세다
	4일차	☐ 여위다 / 여의다
	5일차	☐ 채 / 체
	6일차	☐ 그러므로 / 그럼으로
	7일차	☐ 너머 / 넘어
	8일차	☐ 드러내다 / 들어내다
	9일차	☐ 무난하다 / 문안하다
	10일차	☐ 조리다 / 졸이다
2장 받침을 구별해서 써요	11일차	☐ 같다 / 갖다
	12일차	☐ 거치다 / 걷히다
	13일차	☐ 낫다 / 낳다
	14일차	☐ 빗다 / 빚다
	15일차	☐ 싸이다 / 쌓이다
	16일차	☐ 안치다 / 앉히다
	17일차	☐ 앉다 / 않다
	18일차	☐ 어떻게 / 어떡해
	19일차	☐ 집다 / 짚다
	20일차	☐ 찢다 / 찧다

	21일차	☐ 낱말과 낱말 띄어쓰기
	22일차	☐ 의존 명사 띄어쓰기
	23일차	☐ 수와 단위를 나타내는 말 띄어쓰기
	24일차	☐ 이어 주거나 늘어놓는 말 띄어쓰기
3장 띄어쓰기로 바른 뜻을 전달해요	25일차	☐ 조사 붙여 쓰기 1
	26일차	☐ 조사 붙여 쓰기 2
	27일차	☐ 성과 이름 붙여 쓰기
	28일차	☐ '-하다' 붙여 쓰기
	29일차	☐ 접두사 붙여 쓰기
	30일차	☐ 접미사 붙여 쓰기
4장 쓰임새를 구별해서 써요	31일차	☐ 되 / 돼
	32일차	☐ 웃- / 윗-
	33일차	☐ -이 / -히
	34일차	☐ 이따가 / 있다가
	35일차	☐ -쟁이 / -장이
5장 비슷해 보이지만 뜻이 달라요	36일차	☐ 껍질 / 껍데기
	37일차	☐ 늘리다 / 늘이다
	38일차	☐ 담다 / 담그다
	39일차	☐ -로서 / -로써
	40일차	☐ 맞추다 / 맞히다
	41일차	☐ 바라다 / 바래다
	42일차	☐ 벌리다 / 벌이다
	43일차	☐ 비추다 / 비치다
	44일차	☐ 안 / 못
	45일차	☐ 작다 / 적다

차례

맞춤법 공부를 시작하기 전에 · 2
학습 확인표 · 4
이 책의 활용 방법 · 8
바른 글씨 준비 · 10

제1장 소리가 비슷해서 틀리기 쉬워요

1일차 띠다 / 띄다	12	6일차 그러므로 / 그럼으로	24
2일차 배다 / 베다	14	7일차 너머 / 넘어	26
3일차 새다 / 세다	16	8일차 드러내다 / 들어내다	28
4일차 여위다 / 여의다	18	9일차 무난하다 / 문안하다	30
5일차 채 / 체	20	10일차 조리다 / 졸이다	32
≫ 확인 학습	22	≫ 확인 학습	34

한 걸음 더 지역에 따라 말이 달라요 - 사투리 ... 36

제2장 받침을 구별해서 써요

11일차 같다 / 갖다	38	16일차 안치다 / 앉히다	50
12일차 거치다 / 걷히다	40	17일차 앉다 / 않다	52
13일차 낫다 / 낳다	42	18일차 어떻게 / 어떡해	54
14일차 빗다 / 빚다	44	19일차 집다 / 짚다	56
15일차 싸이다 / 쌓이다	46	20일차 찢다 / 찧다	58
≫ 확인 학습	48	≫ 확인 학습	60

한 걸음 더 잘못된 글을 바르게 고쳐요 - 교정 부호 ... 62

제3장 띄어쓰기로 바른 뜻을 전달해요

| 21일차 낱말과 낱말 띄어쓰기 | 64 | 23일차 수와 단위를 나타내는 말 띄어쓰기 | 68 |
| 22일차 의존 명사 띄어쓰기 | 66 | 24일차 이어 주거나 늘어놓는 말 띄어쓰기 | 70 |

25일차 조사 붙여 쓰기 1	72	28일차 '-하다' 붙여 쓰기	80
▶▶ 확인 학습	74	29일차 접두사 붙여 쓰기	82
26일차 조사 붙여 쓰기 2	76	30일차 접미사 붙여 쓰기	84
27일차 성과 이름 붙여 쓰기	78	▶▶ 확인 학습	86

한 걸음 더 여러 가지 뜻을 가지는 낱말 - 다의어 ……… 88

제4장 쓰임새를 구별해서 써요

31일차 되 / 돼	90	34일차 이따가 / 있다가	96
32일차 웃- / 윗-	92	35일차 -쟁이 / -장이	98
33일차 -이 / -히	94	▶▶ 확인 학습	100

한 걸음 더 우리말이 되었어요 - 외래어 ……… 102

제5장 비슷해 보이지만 뜻이 달라요

36일차 껍질 / 껍데기	104	41일차 바라다 / 바래다	116
37일차 늘리다 / 늘이다	106	42일차 벌리다 / 벌이다	118
38일차 담다 / 담그다	108	43일차 비추다 / 비치다	120
39일차 -로서 / -로써	110	44일차 안 / 못	122
40일차 맞추다 / 맞히다	112	45일차 작다 / 적다	124
▶▶ 확인 학습	114	▶▶ 확인 학습	126

 부록

정답	130	맞춤법 놀이카드	139

이 책의 활용 방법

★ 하루 한 장으로 맞춤법과 띄어쓰기 공부 OK!

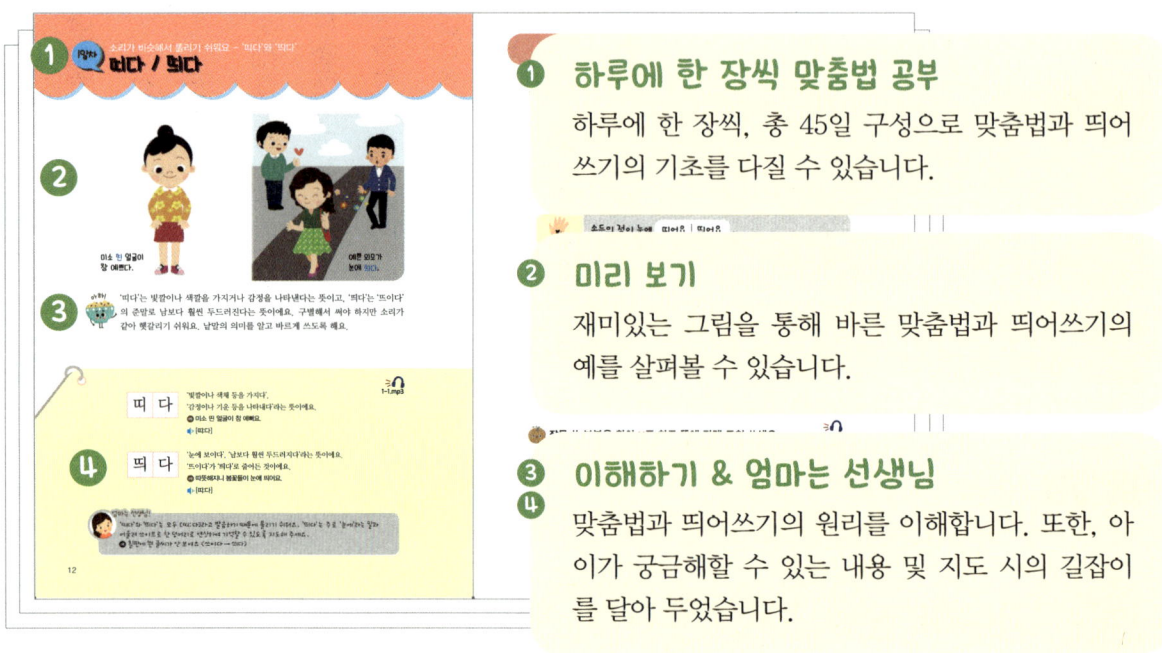

① 하루에 한 장씩 맞춤법 공부
하루에 한 장씩, 총 45일 구성으로 맞춤법과 띄어쓰기의 기초를 다질 수 있습니다.

② 미리 보기
재미있는 그림을 통해 바른 맞춤법과 띄어쓰기의 예를 살펴볼 수 있습니다.

③ 이해하기 & 엄마는 선생님
맞춤법과 띄어쓰기의 원리를 이해합니다. 또한, 아이가 궁금해할 수 있는 내용 및 지도 시의 길잡이를 달아 두었습니다.

★ 듣고, 따라 쓰며 맞춤법 익히기!

또박또박 따라 써요~

① 듣고 따라 쓰며 공부하기
알맞은 단어 고르고 따라 쓰기, 띄어쓰기 문장 따라 쓰기 등의 활동을 통해 맞춤법을 익히고 바른 글씨를 쓰는 습관을 기릅니다.

② 고쳐 쓰며 실력 다지기
틀린 문장 바르게 고치기, 바르게 띄어 써 보기 등의 활동을 통해 실력을 쌓을 수 있습니다.

★ 확인 학습으로 맞춤법과 띄어쓰기 완성하기

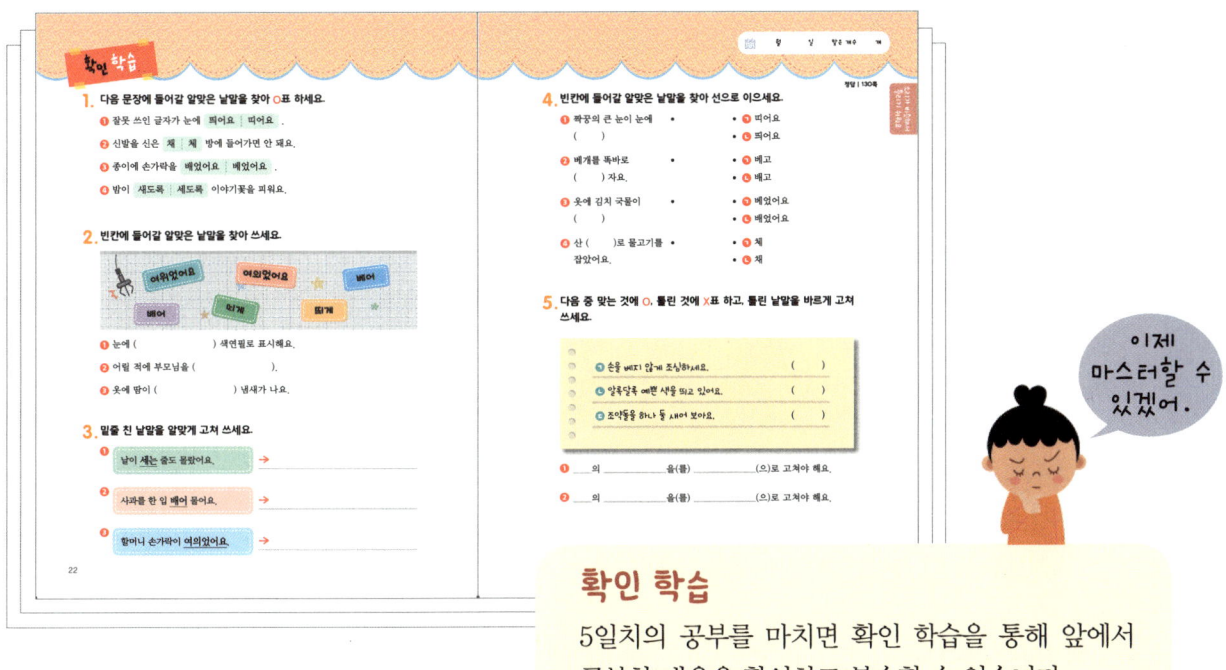

확인 학습
5일치의 공부를 마치면 확인 학습을 통해 앞에서 공부한 내용을 확인하고 복습할 수 있습니다.

★ 부록

정답과 맞춤법 놀이카드
확인 학습의 정답을 수록하였습니다. 또한 이 책에서 배운 맞춤법을 재미있게 익힐 수 있는 놀이카드가 들어 있습니다.

바른 글씨 준비

맞춤법과 띄어쓰기 공부를 시작하기 전에 바른 글씨를 쓰기 위한 준비를 해요. 맞춤법과 띄어쓰기를 정확히 쓰는 것도 중요하지만 글씨가 삐뚤빼뚤하다면 맞춤법을 제대로 썼더라도 알아보기도 힘들겠지요.

글씨를 바르게 쓰기 위한 가장 기본은 연필을 바르게 잡는 것입니다. 먼저, 엄지와 검지, 중지를 사용하여 연필을 잡으세요. 아래 그림처럼 중지의 첫마디에 연필을 올린 후 손을 받침대 삼아 연필을 지탱하고, 엄지와 검지로 연필을 살짝 잡아 주세요. 이때, 손과 손목에는 너무 힘을 주지 않도록 합니다.

주먹을 꽉 쥔 모양으로 연필을 잡거나, 손가락 전체를 모아 연필을 잡는 것, 또는 연필심과 너무 가깝거나 멀게 잡는 것은 바르지 못한 방법이니, 연필을 바르게 잡는 습관을 들일 수 있도록 연습하세요.

연필을 바르게 잡았나요? 그럼 이제 본격적으로 맞춤법과 띄어쓰기 공부를 위한 여행을 떠나 봐요!

★ 연필 바르게 잡는 법

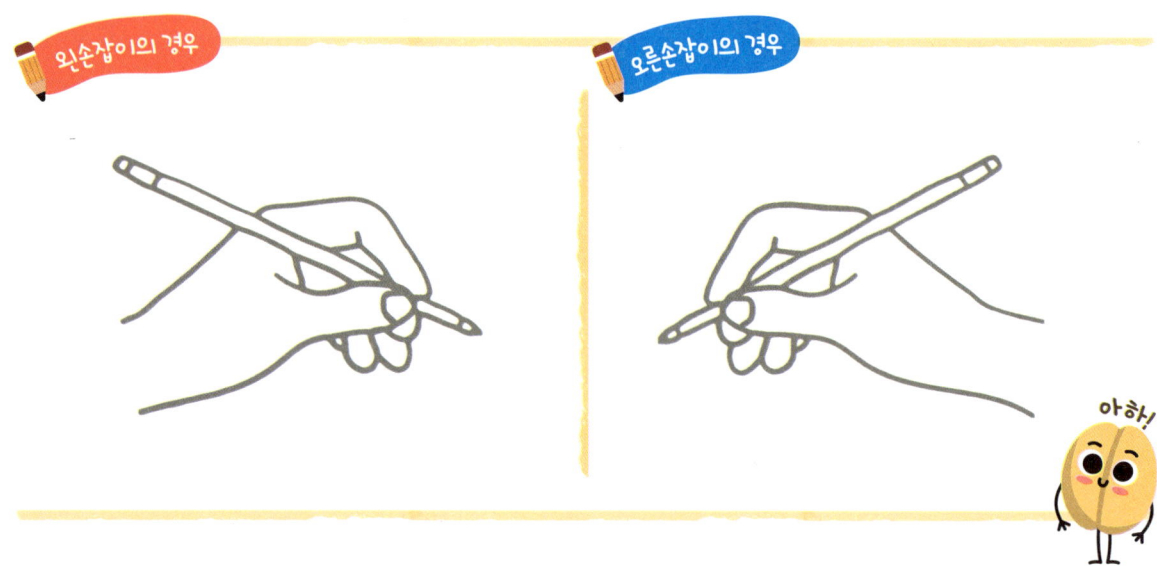

왼손잡이의 경우 | 오른손잡이의 경우

제1장
소리가 비슷해서 틀리기 쉬워요

1일차 띠다 / 띄다
2일차 배다 / 베다
3일차 새다 / 세다
4일차 여위다 / 여의다
5일차 채 / 체
>>> 확인 학습

6일차 그러므로 / 그럼으로
7일차 너머 / 넘어
8일차 드러내다 / 들어내다
9일차 무난하다 / 문안하다
10일차 조리다 / 졸이다
>>> 확인 학습

1일차 소리가 비슷해서 틀리기 쉬워요 – '띠다'와 '띄다'
띠다 / 띄다

미소 **띤** 얼굴이 참 예쁘다.

예쁜 외모가 눈에 **띄다**.

'띠다'는 빛깔이나 색깔을 가지거나 감정을 나타낸다는 뜻이고, '띄다'는 '뜨이다'의 준말로 남보다 훨씬 두드러진다는 뜻이에요. 구별해서 써야 하지만 소리가 같아 헷갈리기 쉬워요. 낱말의 의미를 알고 바르게 쓰도록 해요.

🎧 1-1.mp3

| 띠 | 다 |

'빛깔이나 색채 등을 가지다',
'감정이나 기운 등을 나타내다'라는 뜻이에요.
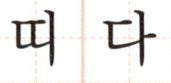 미소 띤 얼굴이 참 예뻐요.
🔊 [띠:다]

| 띄 | 다 |

'눈에 보이다', '남보다 훨씬 두드러지다'라는 뜻이에요.
'뜨이다'가 '띄다'로 줄어든 것이에요.
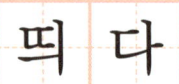 따뜻해지니 봄꽃들이 눈에 띄어요.
🔊 [띠:다]

 **엄마는 선생님!**
'띠다'와 '띄다'는 모두 [띠:다]라고 발음하기 때문에 틀리기 쉬워요. '띄다'는 주로 '눈에'라는 말과 어울려 쓰이므로 한 덩어리로 연상하여 기억할 수 있도록 지도해 주세요.

월   일  오전 :
                                      오후

 문장에 알맞은 낱말을 찾아 O표 하고 정확하게 따라 쓰세요.

장미가 붉은 빛을 [띠고 | 띄고] 있어요.

| 장 | 미 | 가 | ✓ | 붉 | 은 | ✓ | 빛 | 을 | ✓ | | | ✓ | 있 |
| 어 | 요 | . |

손등의 점이 눈에 [띠어요 | 띄어요].

| 손 | 등 | 의 | ✓ | 점 | 이 | ✓ | 눈 | 에 | ✓ | | | | . |

지우개가 좀처럼 눈에 [띠지 | 띄지] 않아요.

| 지 | 우 | 개 | 가 | ✓ | 좀 | 처 | 럼 | ✓ | 눈 | 에 | ✓ | | |
| 않 | 아 | 요 | . |

잘못 쓴 부분을 찾아 X표 하고 뜻에 맞게 고쳐 쓰세요.

❶ 눈에 띠게 국어 실력이 늘었어요.

→ _____

❷ 아이가 환한 미소를 띄고 있어요.

→ _____

2일차 배다 / 베다
소리가 비슷해서 틀리기 쉬워요 – '배다'와 '베다'

달리기를 해서 옷에 땀이 배다.

색종이를 자르다가 가위에 손을 베다.

'배다'는 '스며들거나 스며 나오다', '버릇이 되어 익숙해지다'라는 뜻이에요. '베다'는 '날이 있는 도구로 자르거나 상처를 내는 것'을 뜻해요. 누울 때 베개 등을 머리 아래에 받치는 것도 '베다'라고 해요. 소리가 비슷해서 헷갈리기 쉬우니 낱말의 의미를 알고 바르게 쓰도록 해요.

1-4.mp3

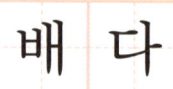
'스며들거나 스며 나오는 것' 또는 '버릇이 되어 익숙해지는 것'을 뜻해요.
예) 달리기를 했더니 옷에 땀이 배었어요.
[배:다]

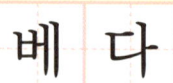
'날이 있는 도구나 이로 끊거나 자르는 것'을 뜻해요. 누울 때 어떤 물건 또는 몸의 일부분을 머리 아래에 두는 것도 '베다'라고 해요.
예) 종이를 자르다가 손가락을 베었어요.
[베:다]

엄마는 선생님!
'배다'에는 위에서 말한 뜻 외에도 '냄새가 스며들어 오래도록 남아 있다'라는 뜻과 '느낌이나 생각 등이 깊이 느껴지거나 오래 남아있다'라는 뜻도 있어요. 이처럼 하나의 낱말이 두 가지 이상 관련된 의미로 쓰이는 낱말을 '다의어'라고 해요.

월 일 오전/오후 :

 문장에 알맞은 낱말을 찾아 O표 하고 정확하게 따라 쓰세요.

 옷에 김치 국물이 [배고 | 베고] 말았어요.

| 옷 | 에 | ✓ | 김 | 치 | ✓ | 국 | 물 | 이 | ✓ | | | ✓ | 말 |
| 았 | 어 | 요 | . |

 엄마 무릎을 [배니 | 베니] 잠이 솔솔 와요.

| 엄 | 마 | ✓ | 무 | 릎 | 을 | ✓ | | | ✓ | 잠 | 이 | ✓ | 솔 |
| 솔 | ✓ | 와 | 요 | . |

 바르게 앉는 습관이 몸에 [배었어요 | 베었어요].

| 바 | 르 | 게 | ✓ | 앉 | 는 | ✓ | 습 | 관 | 이 | ✓ | 몸 | 에 | ✓ |
| | | | | | | . |

 잘못 쓴 부분을 찾아 X표 하고 뜻에 맞게 고쳐 쓰세요.

❶ 가위에 손을 배지 않게 조심하세요.

→ _____

❷ 나도 모르게 웃음이 베어 나와요.

→ _____

3일차 소리가 비슷해서 틀리기 쉬워요 – '새다'와 '세다'
새다 / 세다

천장에서 물이 새다.

용돈이 얼마나 모였는지 세다.

'새다'는 '물, 공기, 빛, 소리, 비밀 등이 빠져나가다'라는 뜻과 '날이 밝아 오다'라는 뜻의 낱말이에요. 한편, '세다'는 '힘이나 기세 등이 강하다', '수를 헤아리다', '털이나 얼굴이 하얘지다'라는 뜻이에요. '새다'와 '세다'를 혼동하여 잘못 쓰는 경우가 많지요. 낱말의 뜻을 생각하면서 바르게 쓰도록 해요.

1-7.mp3

| 새 | 다 |

'빠져나오다', '빠져나가다'라는 의미와 함께 기억해요.
'날이 밝아오다'라는 뜻도 있어요.
예) 지붕에서 비가 새다. / 날이 새도록 잠이 오지 않다.
[새다] / [새ː다]

| 세 | 다 |

대표적인 세 가지 뜻을 기억해요.
예) 창밖의 바람이 세다. / 열까지 수를 세다. / 머리가 하얗게 세다.
[세ː다]

비는 새는 것

동전은 세는 것

 문장에 알맞은 낱말을 찾아 O표 하고 정확하게 따라 쓰세요.

 저금통의 동전을 [새어 | 세어] 보아요.

| 저 | 금 | 통 | 의 | ✓ | 동 | 전 | 을 | ✓ | | | ✓ | 보 | 아 |
| 요 | . | | | | | | | | | | | | |

 컵이 깨져서 주스가 [새었어요 | 세었어요].

 할아버지 머리가 하얗게 [새었어요 | 세었어요].

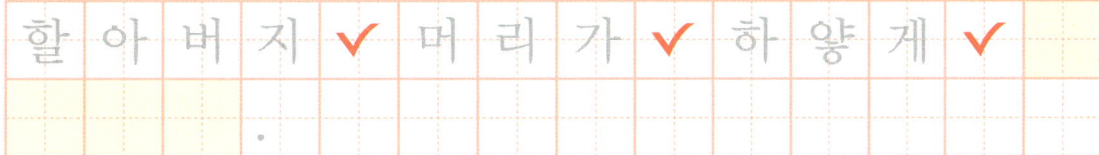

 잘못 쓴 부분을 찾아 X표 하고 뜻에 맞게 고쳐 쓰세요.

❶ 물살이 새서 강을 건널 수 없어요.
→ _____

❷ 밤이 세도록 게임을 하면 안 돼요.
→ _____

 소리가 비슷해서 틀리기 쉬워요 – '여위다'와 '여의다'
여위다 / 여의다

아파서 몸이 여위었다.

아빠는 어릴 때 부모님을 여의었다.

'여위다'는 '몸에 살이 빠져 마르다'라는 뜻이고, '여의다'는 '부모님이나 사랑하는 사람이 죽어서 이별하다', '딸을 시집보내다'라는 뜻이에요. 두 낱말은 발음에 주의하지 않으면 비슷하게 들리기 때문에 혼동하기 쉬워요. 또박또박 바르게 읽고 쓰면서 낱말의 뜻과 쓰임을 기억해 봐요.

1-10.mp3

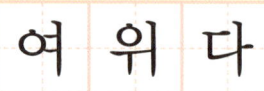
'살찌다'의 반대말이에요.
비슷한 뜻의 낱말로 '야위다'가 있어요.
예) 살이 빠져 손가락이 여위었다.
🔊 [여위다]

여 의 다
'헤어지다'라는 의미를 함께 기억하면 헷갈리지 않아요.
예) 어렸을 때 어머니를 여의었다.
🔊 [여의다] / [여이다]

 문장에 알맞은 낱말을 찾아 O표 하고 정확하게 따라 쓰세요.

 여윈 | 여읜 가지 끝에 꽃이 달렸어요.

| | | ✓ | 가 | 지 | ✓ | 끝 | 에 | ✓ | 꽃 | 이 | ✓ | 달 | 렸 |
| 어 | 요 | . | | | | | | | | | | | |

 며칠 아프고 나니 몸이 조금 여위었어요 | 여의었어요 .

| 며 | 칠 | ✓ | 아 | 프 | 고 | ✓ | 나 | 니 | ✓ | 몸 | 이 | ✓ | 조 |
| 금 | ✓ | | | | | | . | | | | | | |

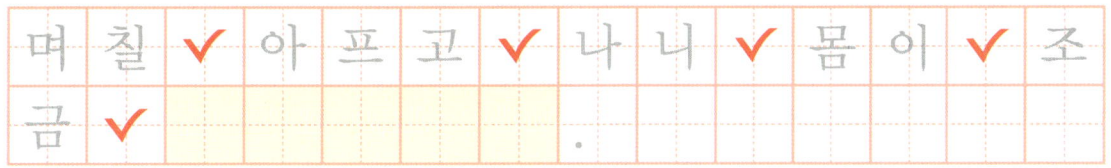

| 심 | 청 | 이 | 는 | ✓ | 어 | 릴 | ✓ | 때 | ✓ | 어 | 머 | 니 | 를 |
| | | | | | | | . | | | | | | |

 잘못 쓴 부분을 찾아 X표 하고 뜻에 맞게 고쳐 쓰세요.

❶ 고생하신 할머니 손이 여의었어요.

→ _____

❷ 전쟁으로 부모님을 여위었대요.

→ _____

5일차 소리가 비슷해서 틀리기 쉬워요 – '채'와 '체'
채 / 체

우산이 없어서 비를 맞은 채 서 있었다.

친구와 싸워서 못 본 체 지나갔다.

'채'는 '이미 있는 상태 그대로'라는 뜻이에요. 한편, '체'는 '그럴 듯하게 꾸미는 거짓 태도나 모양'을 나타내는 말로, '척'으로 바꿔 쓸 수 있어요. 소리가 비슷해서 헷갈리기 쉽지만 알맞게 구별해서 사용해야 해요. '동생은 고개를 숙인 채 과자를 먹지 않은 체했다'와 같은 문장으로 뜻을 기억해 봐요.

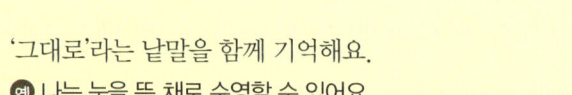
1-13.mp3

채 — '그대로'라는 낱말을 함께 기억해요.
예) 나는 눈을 뜬 채로 수영할 수 있어요.
[채]

체 — '척'과 바꾸어 쓸 수 있어요.
예) 갖고 싶던 장난감을 못 본 체하고 지나갔어요.
[체]

 **엄마는 선생님!**
'채', '체'와 더불어 '째' 또한 틀리기 쉬워요. '째'는 낱말 뒤에 붙어 '그대로', '전부'라는 뜻을 더해 줍니다. '통째', '껍질째' 등으로 써야 하지만 '통채', '껍질채' 등으로 잘못 쓰는 경우가 많으니 의미를 알고 바르게 쓸 수 있도록 지도해 주세요.

월 일 오전/오후 :

 문장에 알맞은 낱말을 찾아 O표 하고 정확하게 따라 쓰세요.  1-14.mp3

 우산이 없어 비를 맞은 채 | 체 서 있었어요.

| 우 | 산 | 이 | ✓ | 없 | 어 | ✓ | 비 | 를 | ✓ | 맞 | 은 | ✓ | |
| 서 | ✓ | 있 | 었 | 어 | 요 | . | | | | | | | |

 맵지 않은 채 | 체 를 했지만 사실 매워요.

| 맵 | 지 | ✓ | 않 | 은 | ✓ | | | 를 | ✓ | 했 | 지 | 만 | ✓ | 사 |
| 실 | ✓ | 매 | 워 | 요 | . | | | | | | | | | |

 가방을 멘 채 | 체 잠이 들고 말았어요.

| 가 | 방 | 을 | ✓ | 멘 | ✓ | | ✓ | 잠 | 이 | ✓ | 들 | 고 | ✓ |
| 말 | 았 | 어 | 요 | . | | | | | | | | | |

 잘못 쓴 부분을 찾아 X표 하고 뜻에 맞게 고쳐 쓰세요. 1-15.mp3

❶ 신발을 신은 체 들어가면 안 됩니다.

→ _____

❷ 알면서 모르는 채하지 마세요.

→ _____

확인 학습

1. 다음 문장에 들어갈 알맞은 낱말을 찾아 O표 하세요.

① 잘못 쓰인 글자가 눈에 [띄어요 / 띠어요] .

② 신발을 신은 [채 / 체] 방에 들어가면 안 돼요.

③ 종이에 손가락을 [배었어요 / 베었어요] .

④ 밤이 [새도록 / 세도록] 이야기꽃을 피워요.

2. 빈칸에 들어갈 알맞은 낱말을 찾아 쓰세요.

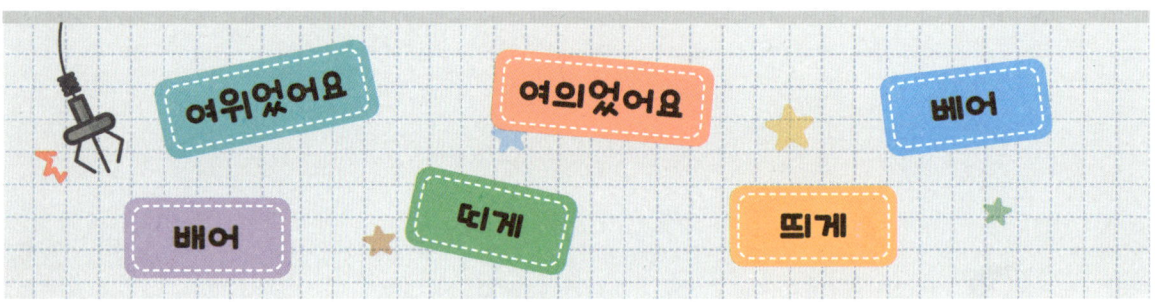

① 눈에 (　　　　　) 색연필로 표시해요.

② 어릴 적에 부모님을 (　　　　　).

③ 옷에 땀이 (　　　　　) 냄새가 나요.

3. 밑줄 친 낱말을 알맞게 고쳐 쓰세요.

① 날이 <u>세는</u> 줄도 몰랐어요. →

② 사과를 한 입 <u>배어</u> 물어요. →

③ 할머니 손가락이 <u>여의었어요</u>. →

정답 | 130쪽

4. 빈칸에 들어갈 알맞은 낱말을 찾아 선으로 이으세요.

① 짝꿍의 큰 눈이 눈에 ( )   ㄱ 띠어요
                              ㄴ 띄어요

② 베개를 똑바로 ( ) 자요.   ㄱ 베고
                              ㄴ 배고

③ 옷에 김치 국물이 ( )   ㄱ 베었어요
                              ㄴ 배었어요

④ 산 ( )로 물고기를 잡았어요. ㄱ 체
                              ㄴ 채

5. 다음 중 맞는 것에 O, 틀린 것에 X표 하고, 틀린 낱말을 바르게 고쳐 쓰세요.

ㄱ 손을 베지 않게 조심하세요. ( )

ㄴ 알록달록 예쁜 색을 띠고 있어요. ( )

ㄷ 조약돌을 하나 둘 새어 보아요. ( )

① ___의 _____을(를) _____(으)로 고쳐야 해요.

② ___의 _____을(를) _____(으)로 고쳐야 해요.

6일차 그러므로 / 그럼으로

소리가 비슷해서 틀리기 쉬워요 – '그러므로'와 '그럼으로'

'그러므로'는 앞 문장이 뒤 문장의 이유나 원인일 때 써요. 뒤 문장은 앞 문장의 결과가 되지요. 한편, '그럼으로'는 소리는 비슷하지만 뜻이 전혀 달라요. '그렇게 하는 것으로써'라는 수단의 의미를 나타내요.

그러므로

앞 문장이 뒤 문장의 이유나 원인을 나타낼 때 써요. '그래서' 또는 '그러니까'로 바꿔 쓸 수 있는지를 생각하면 헷갈리지 않아요.

예) 자연은 소중하다. 그러므로 환경을 보호해야 한다.

[그러므로]

그럼으로

수단을 나타내는 말이에요. '그렇게 해서'라는 말로 바꿔 쓸 수 있는지 생각하면 헷갈리지 않아요.

예) 형은 매일 운동을 한다. 그럼으로 건강을 지킨다.

[그러므로]

엄마는 선생님!

'그러므로'와 '그럼으로'가 어떻게 해서 만들어진 말인지를 알면 의미를 더 잘 구별할 수 있습니다.
- 그러므로: '그러다'에 까닭을 나타내는 '-므로'가 붙은 말
- 그럼으로: '그러다'의 명사형 '그럼'에 수단이나 도구를 나타내는 '-으로'가 붙은 말

🍄 문장에 알맞은 낱말을 찾아 O표 하고 정확하게 따라 쓰세요. 1-17.mp3

 비가 와요. 그러므로 | 그럼으로 우산을 써야 해요.

| 비 | 가 | ✓ | 와 | 요 | . | ✓ | | | | ✓ | 우 | 산 |
| 을 | ✓ | 써 | 야 | ✓ | 해 | 요 | . | | | | | |

 (친구 말에 귀 기울여요.) 그러므로 | 그럼으로 모두 사이좋게 지낼 수 있어요.

| | | | | ✓ | 모 | 두 | ✓ | 사 | 이 | 좋 | 게 | ✓ | 지 |
| 낼 | ✓ | 수 | ✓ | 있 | 어 | 요 | . | | | | | | |

 옷이 더러워요. 그러므로 | 그럼으로 빨래를 해야 해요.

| 옷 | 이 | ✓ | 더 | 러 | 워 | 요 | . | ✓ | | | | ✓ |
| 빨 | 래 | 를 | ✓ | 해 | 야 | ✓ | 해 | 요 | . | | | |

🎃 잘못 쓴 부분을 찾아 X표 하고 뜻에 맞게 고쳐 쓰세요. 1-18.mp3

❶ 가위는 위험해요. 그럼으로 조심히 써야 해요.

→ _____

❷ (일찍 일어나요.) 그러므로 알찬 하루를 보낼 수 있어요.

→ _____

 소리가 비슷해서 틀리기 쉬워요 – '너머'와 '넘어'
너머 / 넘어

 '너머'는 가로막혀 있는 사물의 저쪽이나 그 장소를 뜻하는 말이에요. 한편 '넘어'는 높은 부분의 위나 경계를 지나간다는 뜻이에요. 눈에 보이지 않는 어려움을 겪고 지나간다는 뜻도 있어요. '저 너머로 가려면 언덕을 넘어야 한다'와 같은 문장으로 뜻을 기억해 봐요.

 1-19.mp3

| 너 | 머 |

'위치'를 나타내요.
사물로 가려져 보이지 않는 저쪽을 말해요.
예) 담장 너머로 공이 날아갔어요.
🔊 [너머]

| 넘 | 어 |

'동작'을 나타내요.
높은 부분의 위 또는 경계를 지나가는 것을 말해요.
예) 울타리를 넘어 밭에 들어가요.
🔊 [너머]

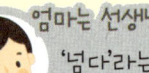 엄마는 선생님!
'넘다'라는 의미가 그대로 살아 있는 경우에는 '넘어'를 쓰고, '넘다'라는 의미 없이 사물의 '저쪽'이라는 의미만 있을 때는 '너머'로 적는다는 사실에 유의하여 지도해 주세요.

 문장에 알맞은 낱말을 찾아 O표 하고 정확하게 따라 쓰세요.

 도둑이 담장을 [너머 | 넘어] 들어가요.

| 도 | 둑 | 이 | ✓ | 담 | 장 | 을 | ✓ | | | ✓ | 들 | 어 | 가 |
| 요 | . | | | | | | | | | | | | |

 창문 [너머 | 넘어] 로 아파트가 보여요.

| 창 | 문 | ✓ | | | 로 | ✓ | 아 | 파 | 트 | 가 | ✓ | 보 | 여 |
| 요 | . | | | | | | | | | | | | |

 해가 산마루를 [너머 | 넘어] 버렸어요.

| 해 | 가 | ✓ | 산 | 마 | 루 | 를 | ✓ | | | ✓ | 버 | 렸 | 어 |
| 요 | . | | | | | | | | | | | | |

 잘못 쓴 부분을 찾아 X표 하고 뜻에 맞게 고쳐 쓰세요.

❶ 엄마와 고개 넘어로 밤을 주우러 가요.

→ _____

❷ 강을 넘고 산을 너머 봄이 찾아왔어요.

→ _____

8일차 — 소리가 비슷해서 틀리기 쉬워요 – '드러내다'와 '들어내다'
드러내다 / 들어내다

좋아하는 마음을 드러내다.

방에서 짐을 들어내다.

'드러내다'는 가려져 있거나 보이지 않던 것을 보이게 한다는 뜻이에요. 사람들에게 알려지지 않았던 사실을 밝힌다는 뜻도 있지요. '들어내다'는 물건을 들어서 밖으로 옮긴다는 뜻이에요. 소리는 같지만 뜻은 전혀 다르지요? 낱말의 뜻을 생각하며 또박또박 따라 써 보세요.

| 드 | 러 | 내 | 다 |

'보이게 하다'라는 뜻을 함께 기억하세요.
반대말은 '감추다'예요.
예) 마음을 드러내지 않으려고 고개를 돌렸어요.
🔊 [드러내다]

| 들 | 어 | 내 | 다 |

'자리를 이동시킨다'는 뜻을 함께 기억하세요.
예) 방에서 이삿짐을 다 들어냈어요.
🔊 [드러내다]

1-22.mp3

문장에 알맞은 낱말을 찾아 O표 하고 정확하게 따라 쓰세요.

 동생이 하얀 이를 [드러내며 | 들어내며] 활짝 웃어요.

| 동 | 생 | 이 | ✓ | 하 | 얀 | ✓ | 이 | 를 | ✓ |
| 활 | 짝 | ✓ | 웃 | 어 | 요 | . | | | |

 풀숲에서 호랑이가 모습을 [드러냈어요 | 들어냈어요].

| 풀 | 숲 | 에 | 서 | ✓ | 호 | 랑 | 이 | 가 | ✓ | 모 | 습 | 을 | ✓ |
| | | | . | | | | | | | | | | |

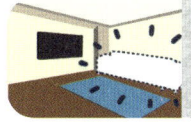 가구를 [드러내니 | 들어내니] 방이 넓어졌어요.

| 가 | 구 | 를 | ✓ | | | | ✓ | 방 | 이 | ✓ | 넓 | 어 |
| 졌 | 어 | 요 | . | | | | | | | | | |

 잘못 쓴 부분을 찾아 X표 하고 뜻에 맞게 고쳐 쓰세요.

❶ 이 글은 주제를 잘 들어내고 있어요.

→ _____

❷ 창고의 물건을 드러낸 뒤 정리해요.

→ _____

'드러나다'와 '들어나다'도 헷갈리기 쉬워요.
- 드러나다: 가려져 있거나 보이지 않던 것이 보이게 되다.
- 들어나다: 사전에 없는 말이에요.

9일차 무난하다 / 문안하다

소리가 비슷해서 틀리기 쉬워요 – '무난하다'와 '문안하다'

'무난하다'는 어떤 일이 별로 어려움이 없거나, 사람의 성격이 까다롭지 않다는 뜻을 나타내요. 한편, '문안하다'는 '웃어른께 안부를 여쭈다'라는 뜻이죠. '무난하다'와 '문안하다'는 뜻은 다르지만 소리가 같아서 어른들도 자주 틀린답니다. 낱말의 뜻을 생각하며 차근차근 따라 써 보세요.

 1-25.mp3

| 무 | 난 | 하 | 다 |

별로 어려움이 없을 때에 쓰거나
이렇다 할 단점이나 흠이 없을 때에도 써요.
예) 축구 대회 예선을 무난히 통과했어요.
🔊 [무난하다]

| 문 | 안 | 하 | 다 |

웃어른께 안부를 여쭙는다는 뜻이에요.
'인사하다'와 비슷한 뜻이에요.
예) 할아버지께 문안하였어요.
🔊 [무:난하다]

📅 　월　　일　🕐 오전/오후　：

🍄 문장에 알맞은 낱말을 찾아 O표 하고 정확하게 따라 쓰세요.  1-26.mp3

 진이는 성격이 [무난해서 | 문안해서] 친구가 많아요.

| 진 | 이 | 는 | ✓ | 성 | 격 | 이 | ✓ | | | | ✓ | 친 |
| 구 | 가 | ✓ | 많 | 아 | 요 | . | | | | | | |

 아침에 일어나 할머니께 [무난 | 문안] 인사를 드려요.

| 아 | 침 | 에 | ✓ | 일 | 어 | 나 | ✓ | 할 | 머 | 니 | 께 | ✓ |
| | ✓ | 인 | 사 | 를 | ✓ | 드 | 려 | 요 | . | | | |

 가로등 덕에 밤길을 [무난하게 | 문안하게] 걸어요.

| 가 | 로 | 등 | ✓ | 덕 | 에 | ✓ | 밤 | 길 | 을 | ✓ | | |
| | ✓ | 걸 | 어 | 요 | . | | | | | | | |

 잘못 쓴 부분을 찾아 X표 하고 뜻에 맞게 고쳐 쓰세요.  1-27.mp3

❶ 친구가 아파서 병무난을 가요.
　→ _____

❷ 문안한 색깔의 옷을 입었어요.
　→ _____

10일차 소리가 비슷해서 틀리기 쉬워요 – '조리다'와 '졸이다'
조리다 / 졸이다

약한 불에 고등어를 조리다.

시합에서 질까 봐 마음을 졸이다.

'조리다'는 '고기나 생선, 채소를 바짝 끓여서 양념이 배어들게 하는 것' 또는 '과일 등을 설탕물 등에 넣고 계속 끓여 단맛이 배어들게 하는 것'을 뜻해요. '졸이다'는 '속을 태우듯이 초조해하다'라는 뜻과, '물을 계속 끓여 양을 적게 만들다'라는 뜻을 나타내요.

'멸치를 조리다가 냄비가 탈까 봐 마음을 졸였다'와 같은 문장으로 뜻과 쓰임을 기억해 봐요.

1-28.mp3

| 조 | 리 | 다 |

바짝 끓여서 양념이나 단맛이 배어들게 한다는 뜻이에요. 이 한 가지 뜻만 기억해요.
예) 고등어와 무를 조려서 반찬을 만들어요.
🔊 [조리다]

| 졸 | 이 | 다 |

'가슴이 두근두근 속이 타는 것', 그리고 '물을 계속 끓여 줄어들게 하는 것' 대표적인 두 가지 뜻을 기억해요.
예) 거짓말을 들킬까 봐 마음을 졸였어요.
🔊 [조리다]

📅 　월　　　일　⏰ 오전/오후　　：

🍄 문장에 알맞은 낱말을 찾아 O표 하고 정확하게 따라 쓰세요.

 약한 불에 보글보글 감자를 　조려요 ｜ 졸여요　.

약	한	✓	불	에	✓	보	글	보	글	✓	감	자	를

 찌개를 오래 　조렸더니 ｜ 졸였더니　 너무 짜요.

찌	개	를	✓	오	래	✓				✓	너	무
짜	요	.										

 달리기 출발을 앞두고 마음을 　조려요 ｜ 졸여요　.

| 달 | 리 | 기 | ✓ | 출 | 발 | 을 | ✓ | 앞 | 두 | 고 | ✓ | 마 | 음 |
| 을 | ✓ | | | | | | | | | | | | |

🎃 잘못 쓴 부분을 찾아 X표 하고 뜻에 맞게 고쳐 쓰세요.

❶ 마음을 조리면서 친구를 기다려요.
→ _____

❷ 오늘 저녁 반찬은 생선졸임이에요.
→ _____

'저리다'와 '절이다'도 헷갈리기 쉬워요.
• 저리다: 몸의 일부가 오래 눌려서 감각이 둔하거나 아픈 것
• 절이다: 채소나 생선에 소금기 등이 배어들게 하는 일

확인 학습

1. **다음 문장에 들어갈 알맞은 낱말을 찾아 O표 하세요.**

   ① 이것 좀 바깥으로 [드러내어 | 들어내어] 주세요.

   ② 병원에 계신 할아버지께 [문안해요 | 무난해요].

   ③ 열심히 운동을 했다. [그러므로 | 그럼으로] 튼튼해졌다.

   ④ 장애물을 [너머 | 넘어] 결승선을 통과해요.

2. **빈칸에 들어갈 알맞은 낱말을 찾아 쓰세요.**

   ① 속상한 기분이 얼굴에 (　　　　　).

   ② 저 산 (　　　　　)에는 무엇이 있을까?

   ③ 고등어를 (　　　　　) 맛있는 냄새가 나요.

3. **밑줄 친 낱말을 알맞게 고쳐 쓰세요.**

   ① 구름이 걷히자 해님이 얼굴을 <u>들어냈어요</u>. →＿＿＿＿＿＿＿＿

   ② 이 달걀은 간장에 <u>졸여서</u> 만들었어요. →＿＿＿＿＿＿＿＿

   ③ <u>문안한</u> 성격이라서 친구가 많아요. →＿＿＿＿＿＿＿＿

정답 | 131쪽

4. 빈칸에 들어갈 알맞은 낱말을 찾아 선으로 이으세요.

❶ 밤 열 시가　　　　　　　　•　　•　㉠ 넘어
　（　　）도착했어요.　　　　　　•　㉡ 너머

❷ 이 노래는 부르기　　　　　•　　•　㉠ 무난해요
　（　　）.　　　　　　　　　　　•　㉡ 문안해요

❸ 생각을 분명하게　　　　　•　　•　㉠ 들어내요
　（　　）.　　　　　　　　　　　•　㉡ 드러내요

❹ 비밀을 들킬까 봐　　　　•　　•　㉠ 조려요
　마음을 （　　）.　　　　　　　•　㉡ 졸여요

5. 다음 중 맞는 것에 O, 틀린 것에 X표 하고, 틀린 낱말을 바르게 고쳐 쓰세요.

㉠ 약한 불로 줄인 다음 국물을 조리세요.　　（　　）

㉡ 창고의 빈 상자들을 모두 들어냈어요.　　（　　）

㉢ 맞춤법은 우리가 지켜야 할 약속이에요.
　그럼으로 규칙에 맞춰 바르게 써야 해요.　（　　）

❶ ＿＿의 ＿＿＿＿＿을(를) ＿＿＿＿＿(으)로 고쳐야 해요.

❷ ＿＿의 ＿＿＿＿＿을(를) ＿＿＿＿＿(으)로 고쳐야 해요.

지역에 따라 말이 달라요 – 사투리

여러분은 시골에 계신 할머니, 할아버지를 만났을 때 말씀을 잘못 알아들은 일이 있나요? 분명히 우리나라 말을 하고 계시는데 마치 외국어처럼 들리기도 했을 거예요. 그것은 아마도 할머니, 할아버지께서 사투리를 쓰고 계셨기 때문일 거예요.

사투리란, 어떤 지방에서만 쓰이는 말을 뜻하는데 같은 뜻의 낱말이라도 모양도 다르고 소리도 다르답니다. 사투리는 다른 말로 '지방의 말'이라고 해서 '방언'이라고도 해요. 지방의 말이라고 해서 반드시 한 지역에서만 쓰는 것은 아니고, 가까이 붙어 있는 여러 지방에서 같은 말이 쓰이기도 하지요. 그럼, 정겹고 재미있는 사투리 몇 가지를 알아볼까요?

증말	'정말'이라는 뜻의 경기도 사투리예요.
겁나게	'무척' 또는 '매우'라는 뜻을 나타내는 충청도 사투리예요.
옥시기	'옥수수'를 뜻하는 강원도 사투리예요.
깨구락지	'개구리'를 뜻하는 전라도 사투리예요.
쪼깐만	'조금만'이라는 뜻을 나타내는 전라도 사투리예요.
피데기	'덜 말린 오징어(또는 생선)'를 뜻하는 경상도 사투리예요.
우야노?	'어떻게 하지?'라는 뜻의 경상도 사투리예요.
하르방	'할아버지'를 뜻하는 제주도 사투리예요. 제주도에서 유명한 돌하르방은 '돌로 만들어진 할아버지'라는 뜻이죠.

제2장
받침을 구별해서 써요

- 11일차 같다 / 갖다
- 12일차 거치다 / 걷히다
- 13일차 낫다 / 낳다
- 14일차 빗다 / 빚다
- 15일차 싸이다 / 쌓이다
- ≫ 확인 학습

- 16일차 안치다 / 앉히다
- 17일차 앉다 / 않다
- 18일차 어떻게 / 어떡해
- 19일차 집다 / 짚다
- 20일차 찢다 / 찧다
- ≫ 확인 학습

11일차 받침을 구별해서 써요 – '같다'와 '갖다'
같다 / 갖다

친구와 <u>같은</u> 색깔의 옷을 입었어요.   멋진 장난감 로봇을 <u>갖고</u> 싶어요.

'같다'는 '서로 다르지 않다'는 뜻이고, '갖다'는 '가지다'의 준말로 '무엇을 손에 쥐거나 몸에 지니다'라는 뜻이에요. 두 낱말을 소리 내어 읽어 보세요. 둘 다 [갇따]로 발음이 되죠? 'ㅌ'과 'ㅈ'은 받침으로 쓰였을 때 'ㄷ'으로 소리 나기 때문에 낱말의 모양과 뜻을 바르게 알고 구별해서 써야 해요.

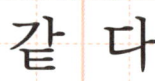
2-1.mp3

| 같 다 |

'다르다'의 반대말이에요.
'서로 다르지 않고 하나이다'라는 뜻이에요.
예) 친구와 가방 색깔이 같아요
🔊 [갇따]

| 갖 다 |

'가지다'의 준말이에요. '무엇을 손에 쥐거나 몸에 지니다', '자기 것으로 하다'라는 뜻이에요.
예) 갖고 싶었던 선물을 받았어요.
🔊 [갇따]

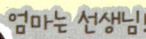 엄마는 선생님!

국어의 받침소리는 모두 일곱 개(ㄱ, ㄴ, ㄷ, ㄹ, ㅁ, ㅂ, ㅇ)입니다. 받침이 뒤에 모음을 만나면 제 소리대로 뒤 낱말의 첫소리로 옮겨 발음하지만, 말의 끝이나 자음 앞에서는 대표음으로 바꾸어 발음합니다. (표준 발음법 제8항, 제9항)

📅 　월　　일　⏰ 오전/오후 　:

 문장에 알맞은 낱말을 찾아 O표 하고 정확하게 따라 쓰세요. 🎧 2-2.mp3

 숙제를 안 [갖고 | 같고] 와서 놀랐어요.

| 숙 | 제 | 를 | ✓ | 안 | ✓ | | | ✓ | 와 | 서 | ✓ | 놀 | 랐 |
| 어 | 요 | . | | | | | | | | | | | |

 우리 가족은 혈액형이 모두 [갖아요 | 같아요].

| 우 | 리 | ✓ | 가 | 족 | 은 | ✓ | 혈 | 액 | 형 | 이 | ✓ | 모 | 두 |
| | | | | . | | | | | | | | | |

 할아버지께 신문을 [갖다 | 같다] 드려요.

| 할 | 아 | 버 | 지 | 께 | ✓ | 신 | 문 | 을 | ✓ | | | ✓ | 드 |
| 려 | 요 | . | | | | | | | | | | | |

 잘못 쓴 부분을 찾아 X표 하고 뜻에 맞게 고쳐 쓰세요. 2-3.mp3

❶ 소풍에 같고 갈 준비물을 챙겨요.

→ _____

❷ 친구와 취미도 갖고 성격도 비슷해요.

→ _____

12일차 받침을 구별해서 써요 – '거치다'와 '걷히다'
거치다 / 걷히다

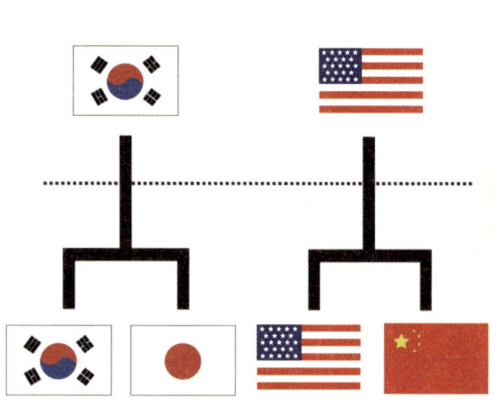

우리나라가 예선을 **거쳐서** 본선에 오르다.

먹구름이 **걷혀서** 환한 햇살이 비치다.

 '거치다'는 '도중에 어디를 지나거나 들르다', '어떤 과정이나 단계를 겪다'라는 뜻이에요. '걷히다'는 '구름이나 안개 등이 흩어져 없어지거나 비가 그치고 맑아지다'라는 뜻이에요. 두 낱말은 모양과 뜻이 다르지만 둘 다 [거치다]라고 소리 나기 때문에 주의해서 써야 해요.

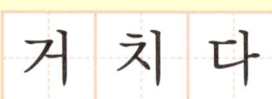

대표적인 두 가지 뜻을 기억해요.
'어딘가를 지나다', '어떤 과정을 겪다'
예 초등학교를 거쳐서 중학교에 입학해요.
🔊 [거치다]

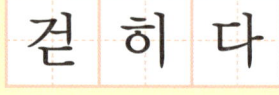

비나 구름 등 가려졌던 것이 없어졌다는 뜻이에요.
예 구름이 걷혀서 파란 하늘이 보여요.
🔊 [거치다]

엄마는 선생님!
'거치다'와 '걷히다'의 소리가 같아지는 것은 '구개음화'와 관련이 있습니다.
'구개음화'란 받침 'ㄷ, ㅌ'이 모음 'ㅣ'를 만나 [ㅈ], [ㅊ]으로 소리 나는 것을 말합니다.
걷히다 → [거티다] → [거치다]의 과정을 거친 것이지요.

📅 　 월 　 　 일 　 ⏰ 오전 ：
　　　　　　　　　　　　　오후

 문장에 알맞은 낱말을 찾아 O표 하고 정확하게 따라 쓰세요.　🎧 2-5.mp3

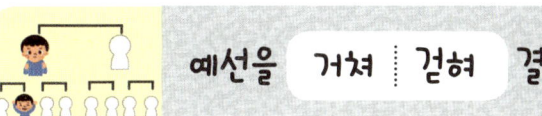
예선을 | 거쳐 | 걷혀 | 결승전에 나갔어요.

| 예 | 선 | 을 | ✓ | | | | ✓ | 결 | 승 | 전 | 에 | ✓ | 나 | 갔 |
| 어 | 요 | . | | | | | | | | | | | | |

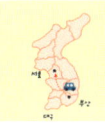
대전을 | 거쳐서 | 걷혀서 | 서울로 갔어요.

| 대 | 전 | 을 | ✓ | | | | ✓ | 서 | 울 | 로 | ✓ | 갔 | 어 |
| 요 | . | | | | | | | | | | | | |

장마가 | 거친 | 걷힌 | 뒤 하늘이 맑아요.

| 장 | 마 | 가 | ✓ | | | ✓ | 뒤 | ✓ | 하 | 늘 | 이 | ✓ | 맑 |
| 아 | 요 | . | | | | | | | | | | | |

 잘못 쓴 부분을 찾아 X표 하고 뜻에 맞게 고쳐 쓰세요.　 2-6.mp3

❶ 도서관을 걷혀서 집으로 가요.
　→ _____

❷ 안개가 거쳐서 앞이 잘 보여요.
　→ _____

 받침을 구별해서 써요 – '낫다'와 '낳다'
낫다 / 낳다

친구보다 그림 실력이 낫다.

개가 강아지 세 마리를 낳다.

'낫다'는 '보다 더 좋거나 앞서 있다', 또는 '병이나 상처 등이 고쳐져 원래대로 되다'라는 뜻의 낱말이에요. 한편 '낳다'는 '배 속의 아이, 새끼, 알을 몸 밖으로 내놓다'라는 뜻이지요. '낫다'와 '낳다'는 어른들도 잘못 쓰는 경우가 많아요. 낱말의 모양과 뜻을 잘 기억해 두었다가 바르게 쓰도록 해요.

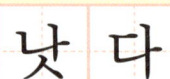 서로 비교하여 하나가 더 좋을 때나 병이 다 고쳐졌을 때 쓰는 말이에요.
예) 내가 너보다 낫다. / 감기가 다 나았다.
[낟ː따]

2-7.mp3

 배 속의 아이나 새끼를 몸 밖으로 내놓거나 어떤 결과를 이루는 것을 뜻해요.
예) 우리 집 닭이 알을 낳았다.
[나ː타]

엄마는 선생님!

'낫다', '낳다'와 더불어 '났다' 또한 틀리기 쉽습니다. '났다'는 '어떤 현상이나 사건이 일어나다'라는 뜻의 '나다'가 활용한 것입니다. 바른 표기법과 발음을 함께 익힐 수 있도록 지도해 주세요.
- 낫다[낟ː따]: 겨울보다 여름이 낫다 / 감기가 낫다 / 병이 다 *나았다
- 낳다[나ː타]: 물고기가 알을 낳다 / 이모가 예쁜 아기를 *낳았다
- 나다[나다]: 온 동네에 물난리가 났다 / 얼굴에 여드름이 났다

📅 월   일   🕐 오전/오후   :

 문장에 알맞은 낱말을 찾아 O표 하고 정확하게 따라 쓰세요.  2-8.mp3

 바다거북이가 알을 [낫고 | 낳고] 있어요.

| 바 | 다 | 거 | 북 | 이 | 가 | ✓ | 알 | 을 | ✓ | | | ✓ | 있 |
| 어 | 요 | . | | | | | | | | | | | |

 달리기 실력은 내가 동생보다 [나아요 | 낳아요].

| 달 | 리 | 기 | ✓ | 실 | 력 | 은 | ✓ | 내 | 가 | ✓ | 동 | 생 | 보 |
| 다 | ✓ | | | | | | | | | | | | |

 부모님은 저를 [낫고 | 낳고] 정말 기쁘셨대요.

| 부 | 모 | 님 | 은 | ✓ | 저 | 를 | ✓ | | | ✓ | 정 | 말 | ✓ |
| 기 | 쁘 | 셨 | 대 | 요 | . | | | | | | | | |

🎃 잘못 쓴 부분을 찾아 X표 하고 뜻에 맞게 고쳐 쓰세요. 2-9.mp3

❶ 감기가 빨리 낳았으면 좋겠어.

→ _____

❷ 오늘 소가 송아지를 나았어요.

→ _____

 14일차

받침을 구별해서 써요 - '빗다'와 '빚다'

빗다 / 빚다

긴 머리를 빗으로 빗다.

물레로 도자기를 빚다.

 '빗다'는 '머리털을 빗 등으로 가지런히 정리한다'는 뜻이고, '빚다'는 흙으로 어떤 형태를 만들거나, 가루를 반죽해서 만두나 송편 등을 만드는 것을 뜻해요. 둘 다 [빋따]로 소리 나고, 모양도 비슷해 보이기 때문에 틀리기 쉬워요. 어떤 받침이 쓰였는지에 따라 뜻이 달라지므로 차이를 알고 바르게 써 보세요.

🎧 2-10.mp3

| 빗 | 다 |

사람의 머리카락이나 동물의 털을 가지런히 정돈하는 것을 말해요.
예) 세수를 하고 머리를 빗어요.
🔊 [빋따]

| 빚 | 다 |

흙을 반죽해서 어떤 모양을 만들거나 송편이나 만두를 만드는 것을 말해요.
예) 다 같이 모여 송편을 빚어요.
🔊 [빋따]

  머리는 빗는 것

 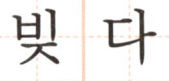 송편은 빚는 것

월   일   오전/오후   :

 문장에 알맞은 낱말을 찾아 O표 하고 정확하게 따라 쓰세요. 2-11.mp3

작은 손으로 만두를 예쁘게 [빗어요 | 빚어요].

| 작 | 은 | ✓ | 손 | 으 | 로 | ✓ | 만 | 두 | 를 | ✓ | 예 | 쁘 | 게 |
| | | | | | | | | | | | | | |

 강아지의 털을 예쁘게 [빗어 | 빚어] 줘요.

| 강 | 아 | 지 | 의 | ✓ | 털 | 을 | ✓ | 예 | 쁘 | 게 | ✓ | | |
| 줘 | 요 | . | | | | | | | | | | | |

 이 항아리는 흙으로 [빗은 | 빚은] 거예요.

| 이 | ✓ | 항 | 아 | 리 | 는 | ✓ | 흙 | 으 | 로 | ✓ | | | ✓ |
| 거 | 예 | 요 | . | | | | | | | | | | |

 잘못 쓴 부분을 찾아 X표 하고 뜻에 맞게 고쳐 쓰세요.  2-12.mp3

❶ 머리를 못 빚어서 엉망이에요.

→ _____

❷ 정성스럽게 송편을 빗어요.

→ _____

15일차 받침을 구별해서 써요 – '싸이다'와 '쌓이다'
싸이다 / 쌓이다

예쁜 포장지에 **싸인** 선물을 받다.

스트레스가 잔뜩 **쌓이다**.

'싸이다'는 '물건을 안에 넣고 보이지 않게 씌워 가려지다'라는 뜻이고, '쌓이다'는 '여러 개의 물건이 겹겹이 포개어 얹히어 놓이다'라는 뜻이에요. '싸이다'와 '쌓이다' 모두 [싸이다]로 소리 나기 때문에 헷갈리기 쉽지만 뜻이 다르기 때문에 알맞게 구별해서 사용해야 해요.

2-13.mp3

| 싸 | 이 | 다 |

'가려지다', '덮이다'라는 뜻을 함께 기억해요.
예) 예쁜 포장지에 싸인 선물을 받았어요.
🔊 [싸이다]

| 쌓 | 이 | 다 |

'겹쳐지다'라는 뜻을 함께 기억해요.
예) 책상에 쌓인 먼지를 닦았어요.
🔊 [싸이다]

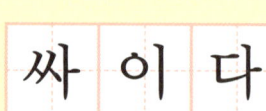
엄마는 선생님!

'쌓이다'에 받침이 있지만 [싸이다]로 발음하는 이유는, 'ㅎ' 받침 뒤에 모음이 올 때 'ㅎ'을 소리 내지 않기 때문입니다. 실제로는 받침이 있지만 소리가 나지 않아 틀리기 쉬우니 낱말의 뜻과 모양을 함께 기억할 수 있도록 지도해 주세요. 예) 좋아요 → [조아요], 싫어요 → [시러요]

문장에 알맞은 낱말을 찾아 O표 하고 정확하게 따라 쓰세요.

 예쁜 보자기에 도시락이 [싸여 | 쌓여] 있어요.

| 예 | 쁜 | ✓ | 보 | 자 | 기 | 에 | ✓ | 도 | 시 | 락 | 이 | ✓ | |
| 싸 | 여 | ✓ | 있 | 어 | 요 | . | | | | | | | |

 벽돌이 차곡차곡 [싸여 | 쌓여] 있어요.

| 벽 | 돌 | 이 | ✓ | 차 | 곡 | 차 | 곡 | ✓ | 쌓 | 여 | ✓ | 있 | 어 |
| 요 | . | | | | | | | | | | | | |

 쓰레기통에 쓰레기가 [싸여 | 쌓여] 있어요.

| 쓰 | 레 | 기 | 통 | 에 | ✓ | 쓰 | 레 | 기 | 가 | ✓ | 쌓 | 여 | ✓ |
| 있 | 어 | 요 | . | | | | | | | | | | |

🎃 잘못 쓴 부분을 찾아 X표 하고 뜻에 맞게 고쳐 쓰세요.

❶ 동굴 속에 보물들이 싸여 있어요.

→ _____

❷ 종이에 쌓여 무엇인지 알 수 없어요.

→ _____

확인 학습

1. 다음 문장에 들어갈 알맞은 낱말을 찾아 O표 하세요.

① [거쳐 / 걷혀] 있는 커튼을 쳐 주세요.

② 내 동생과 친구는 이름이 [같아요 / 갖아요].

③ 열심히 노력하니 점점 국어 실력이 [싸여요 / 쌓여요].

④ 감기가 [나아서 / 낳아서] 다시 학교에 가요.

2. 빈칸에 들어갈 알맞은 낱말을 찾아 쓰세요.

① 구름이 (　　　　　) 파란 하늘이 나타났어요.

② 이 만두는 내가 (　　　　　) 더 맛있어요.

③ 오래된 책장에 (　　　　　) 먼지를 닦아요.

3. 밑줄 친 낱말을 알맞게 고쳐 쓰세요.

① 마음을 담아 도자기를 **빗어요**. →

② 할머니께 간식을 **같다** 드려요. →

③ 달리기 실력은 내가 친구보다 **낳다**. →

정답 | 132쪽

4. 빈칸에 들어갈 알맞은 낱말을 찾아 선으로 이으세요.

❶ 초등학교를 (　　)　　•　　　　•　㉠ 거치면
중학교에 입학해요.　　　　　　　•　㉡ 걷히면

❷ 차곡차곡 블록을　　•　　　　•　㉠ 싸으며
(　　) 놀아요.　　　　　　　　•　㉡ 쌓으며

❸ 여행 갈 때 (　　)　　•　　　　•　㉠ 같고
갈 짐을 챙겨요.　　　　　　　　•　㉡ 갖고

❹ 다 같이 둘러앉아　　•　　　　•　㉠ 빗어요
송편을 (　　).　　　　　　　　•　㉡ 빚어요

5. 다음 중 맞는 것에 O, 틀린 것에 X표 하고, 틀린 낱말을 바르게 고쳐 쓰세요.

㉠ 머리를 가지런히 빗고 학교에 가요.　　(　　)

㉡ 시장을 걷혀 집으로 돌아가요.　　(　　)

㉢ 뻐꾸기는 남의 둥지에 알을 낳아요.　　(　　)

❶ ____의 _____을(를) _____(으)로 고쳐야 해요.

❷ ____의 _____을(를) _____(으)로 고쳐야 해요.

 **16일차** 받침을 구별해서 써요 – '안치다'와 '앉히다'
안치다 / 앉히다

쌀을 밥솥에 안치다.

동생을 방석에 앉히다.

'안치다'는 '밥, 떡, 찌개 등을 만들기 위해 그 재료를 솥이나 냄비 등에 넣고 불 위에 올리다'라는 뜻이에요. '앉히다'는 '사람이나 동물을 다른 물건이나 바닥에 올려놓다'라는 뜻이에요. 둘 다 [안치다]로 소리 나지만 뜻은 전혀 다르지요? 또박또박 따라 쓰며 낱말의 뜻을 익혀 봐요.

| 안 | 치 | 다 |

음식을 나타내는 낱말과 함께 쓰일 때는 '안치다'를 써요.
예) 전기밥솥에 쌀을 안쳐요.
[안치다]

| 앉 | 히 | 다 |

'앉게 하다'라는 뜻이에요.
사람을 나타내는 낱말과 함께 쓰일 때는 '앉히다'를 써요.
예) 동생을 의자에 앉혀요.
[안치다]

 밥은 안치는 것

 동생은 무릎에 앉히는 것

문장에 알맞은 낱말을 찾아 O표 하고 정확하게 따라 쓰세요. 2-17.mp3

 저녁에 먹을 찌개를 불 위에 안쳐요 | 앉혀요 .

저녁에 ✓ 먹을 ✓ 찌개를 ✓ 불 ✓ 위에 ✓

 강아지를 다리에 안치고 | 앉히고 놀아 줘요.

강아지를 ✓ 다리에 ✓   ✓ 놀아 ✓ 줘요.

 자전거 뒤에 동생을 안치고 | 앉히고 달려요.

자전거 ✓ 뒤에 ✓ 동생을 ✓   달려요.

 잘못 쓴 부분을 찾아 X표 하고 뜻에 맞게 고쳐 쓰세요. 2-18.mp3

❶ 쌀을 씻어서 밥솥에 앉혔어요.
→

❷ 동생을 그네에 안쳤어요.
→

17일차 받침을 구별해서 써요 – '앉다'와 '않다'
앉다 / 않다

 '앉다'는 '자리에 앉다', '의자에 앉다'처럼 윗몸을 세운 상태에서 엉덩이를 바닥에 붙이는 것을 말해요. 한편 '않다'는 '아니하다'의 준말로 앞말이 뜻하는 상태나 행동을 부정하는 뜻을 나타내는 말이에요. 모양이 비슷해 보이지만 어떤 겹받침을 쓰는지에 따라 뜻이 달라지니 바르게 구별해서 쓰도록 해요.

 2-19.mp3

| 앉 다 |
'서다'의 반대말이에요.
윗몸을 세운 상태에서 엉덩이를 바닥에 붙이는 것을 말해요.
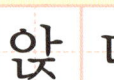 자리에 편하게 앉으세요.
🔊 [안따]

| 않 다 |
앞의 말이 뜻하는 상태나 행동을 부정할 때 써요.
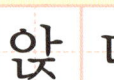 동생과 싸우지 않아요.
🔊 [안타]

엄마는 선생님!
'앉다'와 '않다'의 글자 모양과 더불어 바른 발음을 익힐 수 있도록 지도해 주세요.
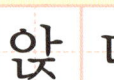 앉다[안따] / 앉아[안자] / 앉으니[안즈니] / 앉고[안꼬] / 앉는[안는] / 앉지[안지]
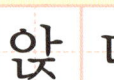 않다[안타] / 않아[아나] / 않으니[아느니] / 않고[안코] / 않는[안는] / 않지[안치]

월   일   오전/오후   :

🍄 문장에 알맞은 낱말을 찾아 O표 하고 정확하게 따라 쓰세요. 2-20.mp3

 친구가 [앉을 | 않을] 방석을 갖고 와요.

| 친 | 구 | 가 | ✓ | | | ✓ | 방 | 석 | 을 | ✓ | 갖 | 고 | ✓ |
| 와 | 요 | . | | | | | | | | | | | |

 참새가 가지 끝에 [앉아 | 않아] 노래를 불러요.

| 참 | 새 | 가 | ✓ | 가 | 지 | ✓ | 끝 | 에 | ✓ | | | ✓ | 노 |
| 래 | 를 | ✓ | 불 | 러 | 요 | . | | | | | | | |

 아무것도 먹지 [앉아서 | 않아서] 배가 고파요.

| 아 | 무 | 것 | 도 | ✓ | 먹 | 지 | ✓ | | | | ✓ | 배 | 가 |
| 고 | 파 | 요 | . | | | | | | | | | | |

🎃 잘못 쓴 부분을 찾아 X표 하고 뜻에 맞게 고쳐 쓰세요.

❶ 친구와 나란히 않아 이야기해요.
   →

❷ 그 영화는 아직 보지 앉았어요.
   →

53

 받침을 구별해서 써요 – '어떻게'와 '어떡해'
어떻게 / 어떡해

 '어떻게'는 '어떠하다'라는 낱말 뒤에 '-게'가 붙은 '어떠하게'의 준말로 '어떤 방법으로', '어떤 모양으로', '어떤 이유로'라는 뜻이에요. 한편 '어떡해'는 '어떻게 해'라는 말이 줄어든 것이죠. '어떻게'와 '어떡해'는 쓰임이 매우 다르지만 소리가 비슷하기 때문에 혼동하기 쉬우니 바르게 따라 쓰면서 올바른 쓰임을 익혀 봐요.

 2-22.mp3

'어떤 모양으로', '어떤 방법으로'라는 뜻이에요.
'어떻게' 뒤에는 행동을 나타내는 여러 가지 말이 올 수 있어요.
예) 제 이름을 한자로 어떻게 써요?
🔊 [어떠케]

| 어 | 떡 | 해 |
'어떻게 해'라는 말이 줄어든 것이에요.
'어떡해' 뒤에는 행동을 나타내는 다른 말이 오지 못해요.
예) 내일 늦잠 자면 어떡해.
🔊 [어떠캐]

 문장에 알맞은 낱말을 찾아 O표 하고 정확하게 따라 쓰세요.

 책을 안 가지고 왔는데 어떻게 | 어떡해 .

| 책 | 을 | ✓ | 안 | ✓ | 가 | 지 | 고 | ✓ | 왔 | 는 | 데 | ✓ |
| | | | | | | | | | | | | |

 어떻게 | 어떡해 하면 그림을 잘 그릴 수 있을까?

| | | | ✓ | 하 | 면 | ✓ | 그 | 림 | 을 | ✓ | 잘 | ✓ | 그 |
| 릴 | ✓ | 수 | ✓ | 있 | 을 | 까 | ? | | | | | | |

 서울역까지 어떻게 | 어떡해 가는지 알려 주세요.

| 서 | 울 | 역 | 까 | 지 | ✓ | | | ✓ | 가 | 는 | 지 | ✓ |
| 알 | 려 | ✓ | 주 | 세 | 요 | . | | | | | | |

 잘못 쓴 부분을 찾아 X표 하고 뜻에 맞게 고쳐 쓰세요.

❶ 이 문제는 어떡해 푸나요?

→ _____

❷ 늦잠을 자 버렸어. 어떻게.

→ _____

19일차 받침을 구별해서 써요 – '집다'와 '짚다'
집다 / 짚다

쓰레기를 집어 쓰레기통에 넣다.

다리를 다쳐서 목발을 짚다.

'집다'는 '손이나 발가락, 혹은 도구 등으로 물건을 잡아서 들다'라는 뜻이에요. '짚다'는 '바닥이나 벽, 지팡이 등에 몸을 의지하다'라는 뜻과 '손으로 이마나 머리 등을 가볍게 누르다'라는 뜻이 있어요. '집다'와 '짚다'는 모양도 비슷하고 소리도 같기 때문에 헷갈리기 쉬우니 낱말의 의미를 생각하며 바르게 쓰도록 해요.

2-25.mp3

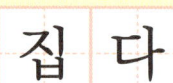
물건을 '집을' 때 쓰는 '집게'라는 낱말을 떠올리면 헷갈리지 않아요.
예) 젓가락으로 반찬을 집어요.
[집따]

할아버지가 바닥을 '짚을' 때 쓰는 '지팡이'를 떠올리면 헷갈리지 않아요.
예) 넘어지면 땅을 짚고 일어나요.
[집따]

물건은 집는 것

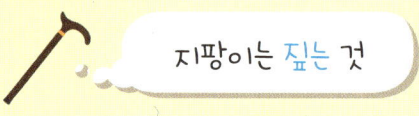
지팡이는 짚는 것

문장에 알맞은 낱말을 찾아 O표 하고 정확하게 따라 쓰세요.

 바닥에 떨어져 있는 쓰레기를 집어요 | 짚어요 .

| 바 | 닥 | 에 | ✓ | 떨 | 어 | 져 | ✓ | 있 | 는 | ✓ | 쓰 | 레 | 기 |
| 를 | ✓ | | | | | | | | | | | | |

 다리를 다쳐서 목발을 집고 | 짚고 걸어요.

| 다 | 리 | 를 | ✓ | 다 | 쳐 | 서 | ✓ | 목 | 발 | 을 | ✓ | | |
| 걸 | 어 | 요 | . | | | | | | | | | | |

 과자를 손으로 집어서 | 짚어서 먹고 있어요.

| 과 | 자 | 를 | ✓ | 손 | 으 | 로 | ✓ | | | | ✓ | 먹 | 고 |
| 있 | 어 | 요 | . | | | | | | | | | | |

 잘못 쓴 부분을 찾아 X표 하고 뜻에 맞게 고쳐 쓰세요.

❶ 이마를 집어 보니 열이 나요.

→ _____

❷ 떨어진 지갑을 짚어 돌려줘요.

→ _____

20일차 받침을 구별해서 써요 – '찢다'와 '찧다'
찢다 / 찧다

색종이를 찢어서 벽을 꾸며요.

엉덩방아를 찧어서 아파요.

'찢다'는 '물체를 잡아당겨 가르다'라는 뜻이고, '찧다'는 '곡식 등을 빻으려고 절구에 담아 절굿공이로 내리치다' 또는 '무거운 물건을 들어서 아래에 있는 물체를 내리치다'라는 뜻이에요. 전혀 다른 뜻이지만 비슷한 모양 때문에 잘못 쓰는 경우가 있으니 낱말의 모양과 뜻을 함께 기억하도록 해요.

2-28.mp3

| 찢 | 다 |

'손이나 도구 등으로 물체를 갈라지게 만드는 것'을 말해요.
예) 색종이를 찢어서 스케치북에 붙여요.
🔊 [찓따]

| 찧 | 다 |

'절구에 곡식을 넣고 빻는 것', '아래에 있는 물건을 내리치는 것', '어디에 부딪치는 것'을 말해요.
예) 곡식을 찧다. / 손을 찧다. / 엉덩방아를 찧다.
🔊 [찌타]

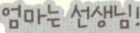
엄마는 선생님!
받침이 비슷해서 틀리기 쉬운 단어들은 낱말을 공부할 때 발음을 함께 익히면 혼동을 줄일 수 있습니다.
예) 찢다[찓따] / 찢어[찌저] / 찢으니[찌즈니] / 찢는[찐는] / 찢습니다[찓씀니다]
예) 찧다[찌타] / 찧어[찌어] / 찧으니[찌으니] / 찧는[찐는] / 찧습니다[찌씀니다]

📅 　월　　일　⏰ 오전/오후　　:

 문장에 알맞은 낱말을 찾아 O표 하고 정확하게 따라 쓰세요.

 뛰다가 넘어져서 바지가 　찢어졌어요 | 찧어졌어요　.

| 뛰 | 다 | 가 | ✓ | 넘 | 어 | 져 | 서 | ✓ | 바 | 지 | 가 | ✓ |
| | | | | | | | | | | | | |

 벽에 머리를 　찢어서 | 찧어서　 커다란 혹이 났어요.

| 벽 | 에 | ✓ | 머 | 리 | 를 | ✓ | | | ✓ | 커 | 다 | 란 |
| 혹 | 이 | ✓ | 났 | 어 | 요 | . | | | | | | |

 공책 한 장을 　찢어서 | 찧어서　 쪽지를 써요.

| 공 | 책 | ✓ | 한 | ✓ | 장 | 을 | ✓ | | | ✓ | 쪽 | 지 |
| 를 | ✓ | 써 | 요 | . | | | | | | | | |

 잘못 쓴 부분을 찾아 X표 하고 뜻에 맞게 고쳐 쓰세요.

❶ 망치질을 하다 손가락을 찢었어요.

　→ _____

❷ 선물 포장지를 찧어서 버려요.

　→ _____

확인 학습

1. 다음 문장에 들어갈 알맞은 낱말을 찾아 O표 하세요.

① 음식을 남기지 [앉고 / 않고] 다 먹어요.

② [찢어진 / 찧어진] 바지를 수선해 입어요.

③ 지갑을 잃어버렸어, [어떡해 / 어떻게] .

④ 찌개를 냄비에 [앉혀 / 안쳐] 주세요.

2. 빈칸에 들어갈 알맞은 낱말을 찾아 쓰세요.

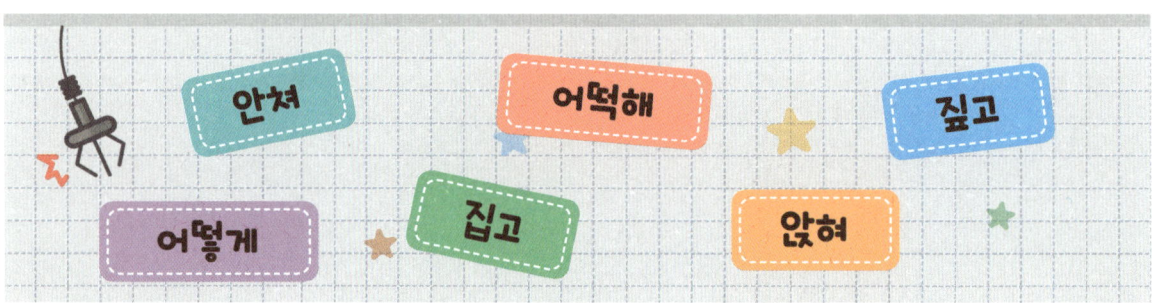

① 이 컴퓨터는 (　　　　　) 켜나요?

② 다리가 불편해 지팡이를 (　　　　　) 걸어요.

③ 아기를 흔들의자에 (　　　　　) 놓아요.

3. 밑줄 친 낱말을 알맞게 고쳐 쓰세요.

① 맨땅에 <u>앉아서</u> 공기놀이를 해요. →

② 떨어진 연필을 <u>짚어</u> 주어요. →

③ 쿵! 하고 엉덩방아를 <u>찢었어요</u>. →

월   일   맞은 개수   개

정답 | 133쪽

4. 빈칸에 들어갈 알맞은 낱말을 찾아 선으로 이으세요.

❶ 일요일이라서 학교에 가지 (   ).   • ㉠ 앉아요
                                  • ㉡ 않아요

❷ 이마를 (   ) 보니 열이 나요.   • ㉠ 짚어
                                  • ㉡ 집어

❸ 쌀을 깨끗이 씻어 밥솥에 (   ).   • ㉠ 안쳐요
                                     • ㉡ 앉혀요

❹ 방학을 (   ) 보낼지 고민해요.   • ㉠ 어떡해
                                     • ㉡ 어떻게

5. 다음 중 맞는 것에 O, 틀린 것에 X표 하고, 틀린 낱말을 바르게 고쳐 쓰세요.

㉠ 아빠가 동생을 앉히고는 조용히 타이르셨어요.   (   )

㉡ '땅 짚고 헤엄치기'는 일이 매우 쉽다는 뜻이에요.   (   )

㉢ 쓰레기를 아무 데나 버리면 어떻게요?   (   )

❶ ____의 _____을(를) _____(으)로 고쳐야 해요.

❷ ____의 _____을(를) _____(으)로 고쳐야 해요.

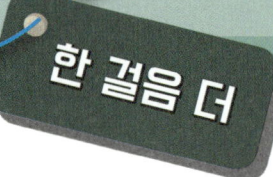

잘못된 글을 바르게 고쳐요 - 교정 부호

교정 부호란, 글을 쓰고 나서 잘못된 부분을 바로잡을 때 쓰는 약속된 기호를 뜻해요. 글자가 잘못되거나 띄어쓰기가 잘못된 것 등을 고치는 것을 '교정'이라고 하고, 교정을 할 때 쓰는 기호를 '교정 부호'라고 불러요. 잘못된 부분을 지우개로 지우고 다시 쓸 수도 있지만 교정 부호를 사용하면 똑같은 내용을 다시 쓰지 않아도 되니 시간을 절약할 수 있고, 약속된 기호를 사용하기 때문에 다른 사람들도 쉽게 알아볼 수 있어요. 여러 가지 교정 부호에는 어떤 것들이 있는지 알아보도록 해요.

부호	쓰임	예	부호	쓰임	예
∨	띄어 쓸 때	학교에∨가요.	∽	앞뒤를 바꿀 때	놀아야지. 재밌게
⌒	붙여 쓸 때	하나 만 줘.	=	필요 없는 내용을 지울 때	배가 아주 엄청 부르다.
⊙	한 글자를 고칠 때	띠어쓰기 → 띄	∧	문장 부호를 넣을 때	정말 대단하다! ?
⌐	줄을 바꿀 때	친구가 말했다. "선생님이 오고 계셔."	⌐	글자를 오른쪽으로 밀 때	나는 학교에 갔다.
⤴	줄을 이을 때	내일은 어디로 갈까?	⌐	글자를 왼쪽으로 당길 때	나는 학교에 갔다.
⌒	여러 글자를 고칠 때	초등학교를 걸쳐고 → 거치고	S	줄을 서로 바꿀 때	선생님께 혼났다. 복도에서 뛰어서
⊙	글자를 뺄 때	식당 가게에서	⌣	글의 내용을 추가할 때	이 아이는 동생이다. 내

제3장
띄어쓰기로 바른 뜻을 전달해요

- 21일차 낱말과 낱말 띄어쓰기
- 22일차 의존 명사 띄어쓰기
- 23일차 수와 단위를 나타내는 말 띄어쓰기
- 24일차 이어 주거나 늘어놓는 말 띄어쓰기
- 25일차 조사 붙여 쓰기 1
  » 확인 학습

- 26일차 조사 붙여 쓰기 2
- 27일차 성과 이름 붙여 쓰기
- 28일차 '-하다' 붙여 쓰기
- 29일차 접두사 붙여 쓰기
- 30일차 접미사 붙여 쓰기
  » 확인 학습

21일차 띄어쓰기로 바른 뜻을 전달해요 – 낱말과 낱말 띄어쓰기
낱말과 낱말 사이는 띄어 써요

 띄어쓰기란, 글을 쓸 때에 어문 규범에 따라 어떤 말을 앞말과 띄어 쓰는 일을 말해요. 띄어쓰기에서 가장 기본이 되는 것은 낱말이에요. 낱말은 뜻을 가지고 혼자 쓰일 수 있는 가장 작은 말의 덩어리랍니다. 낱말에는 이름을 나타내는 낱말(지우개), 모양을 나타내는 낱말(예쁘다), 움직임을 나타내는 낱말(노래하다) 등이 있는데 글을 쓸 때에는 이러한 낱말과 낱말 사이를 띄어 써야 합니다.

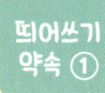 **띄어쓰기 약속 ①** 낱말과 낱말 사이는 띄어 써요.

| 공 | 원 | ✓ | 앞 | ✓ | 놀 | 이 | 터 |

| 빠 | 르 | 게 | ✓ | 달 | 리 | 는 | ✓ | 자 | 전 | 거 |

월   일  오전 오후 :

 띄어쓰기가 바른지 확인하며 주어진 문장을 정확하게 따라 쓰세요.   3-1.mp3

동생이 방에 들어갔어요.

| 동 | 생 | 이 | ✓ | 방 | 에 | ✓ | 들 | 어 | 갔 | 어 | 요 | . |
| | | | | ✓ | | | ✓ | | | | | |

 나 물 좀 주지 않을래?

| 나 | ✓ | 물 | ✓ | 좀 | ✓ | 주 | 지 | ✓ | 않 | 을 | 래 | ? |
| | ✓ | | ✓ | | ✓ | | | | | | | |

 저금이 만 원 있어요.

| 저 | 금 | 이 | ✓ | 만 | ✓ | 원 | ✓ | 있 | 어 | 요 | . | |
| | | | ✓ | | ✓ | | ✓ | | | | | |

🎃 띄어 써야 할 곳에 ✓표 하고, 문장을 바르게 옮겨 쓰세요.   3-2.mp3

❶ 꽃에물을주어요.

→ _____

❷ 동생과심부름을가요.

→ _____

띄어쓰기를 바르게 해야 내가 전하고자 하는 뜻을 정확히 전달할 수 있어!

22일차 띄어쓰기로 바른 뜻을 전달해요 - 의존 명사 띄어쓰기
의존 명사는 앞말과 띄어 써요

 띄어쓰기는 낱말을 기준으로 해요. 그런데 낱말 중에는 꾸며 주는 말 없이는 혼자 쓰일 수 없는 것이 있어요. '것, 따름, 뿐, 데, 수, 바, 지, 만큼' 등이죠. 이러한 낱말은 다른 낱말에 기대어 쓰인다고 해서 '의존 명사'라고 부르고, 앞말과 띄어 쓰기로 약속했어요.

띄어쓰기 약속 ② 의존 명사는 앞말과 띄어 써요.

'것'은 정확히 가리키는 대상이 정해지지 않은 사물이나 사실을 나타내는 의존 명사예요.

'뿐'은 다만 그것만이고 그 이상은 아님을 나타내는 의존 명사예요.

엄마는 선생님!
의존 명사와 조사의 모양이 같은 것들은 헷갈리기 쉽습니다. 헷갈릴 때에는 앞에 '-ㄴ', '-ㄹ' 등 낱말이 활용한 형태가 왔는지를 확인해 보면 띄어쓰기 실수를 줄일 수 있습니다.
예 여기에 그냥 서 있었을 뿐이에요. (의존 명사) / 엄마는 항상 우리 생각뿐이에요. (조사)

📅 몇 월   일   🕐 오전/오후   :

🍄 **띄어쓰기가 바른지 확인하며 주어진 문장을 정확하게 따라 쓰세요.**   🎧 3-3.mp3

 이 정도는 들 수 있어요.

| 이 | ✓ | 정 | 도 | 는 | ✓ | 들 | ✓ | 수 | ✓ | 있 | 어 | 요 | . |

 정말 놀라울 따름이에요.

| 정 | 말 | ✓ | 놀 | 라 | 울 | ✓ | 따 | 름 | 이 | 에 | 요 | . |

보이지 않을 만큼 작아요.

| 보 | 이 | 지 | ✓ | 않 | 을 | ✓ | 만 | 큼 | ✓ | 작 | 아 | 요 | . |

🎃 **띄어 써야 할 곳에 ✓표 하고, 문장을 바르게 옮겨 쓰세요.**   🎧 3-4.mp3

❶ 이름도쓸줄몰라요.
   →

❷ 잠시갈데가있어요.
   →

'따름'은 오로지 그것뿐이고 그 이상은 아니라는 뜻을 나타내는 의존 명사예요.

23일차 띄어쓰기로 바른 뜻을 전달해요 – 수와 단위를 나타내는 말 띄어쓰기
수와 단위는 띄어 써요

 우리는 나무를 셀 때에는 '그루'라는 말을 쓰고, 동물을 셀 때에는 '마리'라는 말을 써요. 이렇게 우리말에는 물건을 셀 때 그 양이나 순서를 가리키는 낱말이 있어요. 그리고 무엇의 수를 세는지에 따라 어울리는 말도 다 다른데, 이러한 낱말들은 모두 앞말과 띄어 써야 해요.

띄어쓰기 약속 ③ 수량의 단위를 나타내는 말은 앞말과 띄어 써요.

물 ✓ 한 ✓ 모 금
'모금'은 액체나 기체를 입안에 한 번 머금는 분량을 셀 때 쓰는 말이에요.

배 추 ✓ 두 ✓ 포 기
'포기'는 뿌리까지 포함한 통째로의 풀의 수량을 나타낼 때 쓰는 말이에요.

케 이 크 ✓ 세 ✓ 조 각
'조각'은 한 물건에서 따로 떼어 내거나 떨어져 나온 작은 부분을 셀 때 쓰는 단위예요.

엄마는 선생님!
단위를 나타내는 말은 띄어 쓰는 것이 원칙이지만 순서를 나타내는 경우나 숫자와 함께 쓰이는 경우에는 붙여 쓸 수 있습니다.
예 만원(○) / 10,000원(○), 오 학년(○) / 오학년(○) / 5학년(○)

🎧 3-5.mp3

🍄 띄어쓰기가 바른지 확인하며 주어진 문장을 정확하게 따라 쓰세요.

버스 한 대가 서 있어요.

| 버 | 스 | ✓ | 한 | ✓ | 대 | 가 | ✓ | 서 | ✓ | 있 | 어 | 요 | . |

신발을 두 켤레나 샀어요.

| 신 | 발 | 을 | ✓ | 두 | ✓ | 켤 | 레 | 나 | ✓ | 샀 | 어 | 요 | . |

젓가락 한 짝이 없어요.

| 젓 | 가 | 락 | ✓ | 한 | ✓ | 짝 | 이 | ✓ | 없 | 어 | 요 | . |

🎃 띄어 써야 할 곳에 ✓표 하고, 문장을 바르게 옮겨 쓰세요. 🎧 3-6.mp3

❶ 배한척이떠있어요.
  →

❷ 동생은다섯살이에요.
  →

'대'는 자동차, 비행기, 악기 등을 세는 낱말이고, '척'은 배를 세는 낱말, '켤레'는 신발이나 양말 등 짝이 되는 두 개를 한 벌로 세는 낱말이에요.

24일차 이어 주거나 늘어놓는 말은 띄어 써요

띄어쓰기로 바른 뜻을 전달해요 – 이어 주거나 늘어놓는 말 띄어쓰기

 우리말에는 두 말을 이어 주거나, 여러 가지 예나 사실 등을 죽 늘어놓을 때 쓰는 말들이 있어요. '과일 및 채소'라고 말할 때의 '및'이나 '1반 대 2반'이라고 말할 때의 '대' 같은 것들이지요. 이러한 낱말들은 반드시 다른 낱말과 함께 쓰이고, 쓸 때는 반드시 앞말과 띄어 써야 해요. 이러한 낱말에는 '내지, 겸, 등, 및' 등이 있어요.

띄어쓰기 약속 ④ 이어 주거나 늘어놓는 말은 앞말과 띄어 써요.

| 하 | 루 | ✓ | 내 | 지 | ✓ | 이 | 틀 |

'내지'는 '얼마에서 얼마까지'라는 뜻을 나타낼 때 쓰는 말이에요.

| 개 | 그 | 맨 | ✓ | 겸 | ✓ | 가 | 수 |

'겸'은 앞의 것이기도 하면서 뒤의 것임을 나타내는 말이에요.

| 교 | 실 | ✓ | 및 | ✓ | 복 | 도 |

'및'은 '그리고 또'라는 뜻을 나타낼 때 쓰는 말이에요.

월   일  오전 :
            오후

🍄 띄어쓰기가 바른지 확인하며 주어진 문장을 정확하게 3-7.mp3
따라 쓰세요.

 고래의 생활 및 특징

고래의 ✓ 생활 ✓ 및 ✓ 특징

 세 명 내지 네 명

세 ✓ 명 ✓ 내지 ✓ 네 ✓ 명

 서울 대 부산의 축구 경기

서울 ✓ 대 ✓ 부산의 ✓ 축구 ✓ 경기

🎃 띄어 써야 할 곳에 ✓표 하고, 문장을 바르게 옮겨 쓰세요. 3-8.mp3

❶ 농구와야구등을좋아해요.

→ _____

❷ 사과와배따위의과일

→ _____

 '등'과 '따위'는 앞에서 말한 것 외에도 같은
종류의 것이 더 있다는 것을 나타내는 말이에요.

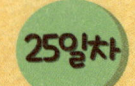

25일차 띄어쓰기로 바른 뜻을 전달해요 – 조사 붙여 쓰기 1

조사는 앞말에 붙여 써요

누나 가방에 들어가요.

누나가 방에 들어가요.

조사는 낱말 뒤에 붙어 그 말과 다른 말의 관계를 나타내거나 그 말의 뜻을 도와주는 역할을 해요. '이/가, 을/를, 와/과, -이다, -에게' 등이죠. 이러한 조사들은 다른 낱말을 도와주지만 혼자서는 쓸 수 없기 때문에 반드시 앞말에 붙여 써야 해요.

띄어쓰기 약속 ⑤ 조사는 반드시 앞말에 붙여 써요.

| 친 | 구 | 에 | 게 | ✓ | 편 | 지 | 를 | ✓ | 써 | 요 | . |

'에게'와 '를'은 혼자서는 쓸 수 없고, 다른 낱말에 붙어서 그 뜻을 도와주기 때문에 앞말에 붙여 썼어요.

월   일   오전
오후   :

 띄어쓰기가 바른지 확인하며 주어진 문장을 정확하게 따라 쓰세요.

 나의 꿈은 우주비행사이다.

| 나 | 의 | ✓ | 꿈 | 은 | ✓ | 우 | 주 | 비 | 행 | 사 | 이 | 다 | . |
| | | ✓ | | | ✓ | | | | | | | | |

 친구와 얼굴이 닮았어요.

| 친 | 구 | 와 | ✓ | 얼 | 굴 | 이 | ✓ | 닮 | 았 | 어 | 요 | . |
| | | | ✓ | | | | ✓ | | | | | |

 여기에서부터 출발해요.

| 여 | 기 | 에 | 서 | 부 | 터 | ✓ | 출 | 발 | 해 | 요 | . |
| | | | | | | ✓ | | | | | |

 띄어 써야 할 곳에 ✓표 하고, 문장을 바르게 옮겨 쓰세요.

❶ 동생이랑싸웠어요.

　→ _____

❷ 과일중에딸기만좋아해요.

　→ _____

조사 두 개가 이어서 나올 때,
뒤의 조사는 앞 조사에 붙여 써야 해요.

확인 학습

1. 바르게 띄어 쓴 말을 찾아 O표 하세요.

① 친구와 | 친구 와   달리기를 해요.

② 용돈 오천원 | 오천 원 을 받았어요.

③ 자전거가빠르게 | 자전거가 빠르게 달려요.

④ 내 손으로 지구를 지킬 수 | 지킬수 있어요.

2. 띄어쓰기가 바른 것을 낱말 카드에서 찾아 쓰세요.

① 노래를 잘하는 친구가 (　　　　　)이에요.

② (　　　　　) 없어서 찾고 있어요.

③ 수박을 (　　　　　)으로 잘라 먹어요.

3. 띄어 써야 할 곳에 ✓표 하고, 문장을 바르게 옮겨 쓰세요.

① 물한잔만주세요.　→

② 저는내년에열두살이돼요.　→

③ 아직한자를쓸줄몰라요.　→

| 월   일   맞은 개수   개 |

정답 | 133쪽

4. 밑줄 친 부분의 띄어쓰기를 바르게 고친 것을 고르세요.

❶ <u>두명내지세명</u>의 친구 • • ㉠ 두 명 내지 세 명
　　　　　　　　　　　　　 • ㉡ 두 명내지 세 명

❷ <u>중국및일본</u>과 문화를 • • ㉠ 중국및 일본
　 교류해요. 　　　　　　 • ㉡ 중국 및 일본

❸ <u>집에서 부터</u> 학교까지 • • ㉠ 집 에서 부터
　 걸어가요. 　　　　　　 • ㉡ 집에서부터

5. 다음 중 맞는 것에 O, 틀린 것에 X표 하고, 틀린 띄어쓰기를 바르게 고쳐 쓰세요.

㉠ 밥 만 먹지 말고 반찬도 먹어야지.　　(　　)

㉡ 자동차 한 대가 문 앞에 서 있어요.　　(　　)

㉢ 반짝반짝 빛날만큼 깨끗이 청소해요.　(　　)

❶ ___의 _____을(를) _____(으)로 고쳐야 해요.

❷ ___의 _____을(를) _____(으)로 고쳐야 해요.

26일차 띄어쓰기로 바른 뜻을 전달해요 – 조사 붙여 쓰기 2
조사의 띄어쓰기에 주의해요

 조사는 앞말에 붙여 써야 하지만 조사라는 사실을 잘 모르고 앞말과 띄어 쓰는 것들이 있어요. '뿐, 밖에, 만큼, 같이, 커녕' 같은 조사들은 뜻과 쓰임새를 잘 알고 바르게 띄어쓰기를 해야 해요.

 띄어쓰기 약속 ⑤ **조사는 반드시 앞말에 붙여 써요.**

| 이 | 것 | 뿐 |

'뿐'은 앞의 말이 나타내는 내용 이외에 더는 없다는 것을 나타내는 조사예요.

| 새 | 처 | 럼 |

'처럼'은 모양이나 정도가 서로 비슷하거나 같음을 나타내는 조사예요.

| 얼 | 마 | 만 | 큼 |

'만큼'은 앞에 말한 내용과 비슷한 정도라는 뜻을 나타내는 조사예요.

| 도 | 와 | 주 | 기 | 는 | 커 | 녕 |

'ㄴ커녕', '커녕'은 앞의 말을 강조하여 부정하는 뜻을 나타내는 조사예요.

월   일    오전/오후   :

 띄어쓰기가 바른지 확인하며 주어진 문장을 정확하게 따라 쓰세요.   3-11.mp3

 친구같이 다정한 선생님

| 친 | 구 | 같 | 이 | ✓ | 다 | 정 | 한 | ✓ | 선 | 생 | 님 |

 방 안에 혼자뿐이에요.

| 방 | ✓ | 안 | 에 | ✓ | 혼 | 자 | 뿐 | 이 | 에 | 요 | . |

 사과는커녕 화만 냈어요.

| 사 | 과 | 는 | 커 | 녕 | ✓ | 화 | 만 | ✓ | 냈 | 어 | 요 | . |

 띄어 써야 할 곳에 ✓표 하고, 문장을 바르게 옮겨 쓰세요.    3-12.mp3

❶ 얼마만큼남았어요?
→ _____

❷ 조금밖에남지않았어요.
→ _____

더 많은 조사를 알아봐요!
추운데 바람마저 불어요, 계획대로 되었어요

27일차 띄어쓰기로 바른 뜻을 전달해요 - 성과 이름 붙여 쓰기
성과 이름은 붙여서 써요

띄어쓰기를 할 때 가장 기본이 되는 규칙은 '낱말과 낱말을 띄어 쓴다'는 것이에요. 그렇다면 이름은 어떻게 써야 할까요? 이름은 '성'과 '이름'으로 이루어져 있지만 띄어 쓰지 않고 붙여 써요. 하지만 성과 이름을 분명하게 구분할 필요가 있을 때에는 띄어 쓸 수 있습니다.

띄어쓰기 약속 ⑥/⑦ : 성과 이름은 붙여 써요. / 이름 뒤에 오는 호칭(직업)은 띄어 써요.

| 최 | 윤 | 지 | ✓ | 학 | 생 | | |

성과 이름은 붙여 쓰고, 이름 뒤의 '학생'은 한 칸 띄어 썼어요.

| 이 | 순 | 신 | ✓ | 장 | 군 | | |

성과 이름은 붙여 쓰고, 직업을 나타내는 '장군'은 띄어 썼어요.

| 독 | 고 | ✓ | 진 | 입 | 니 | 다 | . |

성이 두 글자 이상이고, 이름을 구별해 줄 때에는 성과 이름을 띄어 쓸 수 있어요. '독고', '남궁', '황보', '선우' 등이 대표적인 두 글자 성씨예요.

엄마는 선생님!
이름 뒤에 붙는 호칭이나, 직업 이름도 띄어 쓰지만, 이름 앞에 오는 호나 자 등도 띄어 씁니다.
예) 율곡 이이(O) / 율곡이이(X)

띄어쓰기가 바른지 확인하며 주어진 문장을 정확하게 따라 쓰세요.

 백범 김구 선생님

| 백 | 범 | ✓ | 김 | 구 | ✓ | 선 | 생 | 님 | | |
| | | ✓ | | | ✓ | | | | | |

 5학년 2반 정준식 군

| 5 | 학 | 년 | ✓ | 2 | 반 | ✓ | 정 | 준 | 식 | ✓ | 군 |
| | | | ✓ | | | ✓ | | | | ✓ | |

 유관순 누나를 존경해요.

| 유 | 관 | 순 | ✓ | 누 | 나 | 를 | ✓ | 존 | 경 | 해 | 요 | . |
| | | | ✓ | | | | ✓ | | | | | |

 띄어 써야 할 곳에 ✓표 하고, 문장을 바르게 옮겨 쓰세요.

❶ 박건우군을소개합니다.

→ _____

❷ 김훈박사님이큰상을받았어요.

→ _____

띄어쓰기로 바른 뜻을 전달해요 – '–하다' 붙여 쓰기

새로운 뜻을 더하는 '–하다'는 붙여 써요

 '–하다'는 이름을 나타내는 낱말, 상태를 나타내는 낱말, 소리나 모양을 나타내는 낱말 뒤에 붙어서 '어떤 행동을 하다' 또는 '어떤 상태이다'라는 뜻을 더해 줘요. 다른 낱말과 함께 쓰여 새로운 낱말을 만드는 '–하다'는 앞말에 붙여 써야 해요.

띄어쓰기 약속 ⑧ 새로운 뜻을 더하는 '–하다'는 붙여 써요.

사 랑 하 는 ✓ 가 족

'–하다'가 '사랑' 뒤에 붙어서 '사랑하다'라는 낱말이 되었어요. '어떤 행동을 하다'라는 뜻을 더해 주었기 때문에 붙여 써요.

건 강 한 ✓ 마 음

'–하다'가 '건강' 뒤에 붙어서 '건강하다'라는 낱말이 되었어요. '어떤 상태이다'라는 뜻을 더해 주었기 때문에 붙여 써요.

전 등 이 ✓ 반 짝 반 짝 해 요

'–하다'가 '반짝반짝' 뒤에 붙어서 '반짝반짝하다'라는 낱말이 되었어요. '어떤 모양이다'라는 뜻을 더해 주었기 때문에 붙여 써요.

엄마는 선생님! '하다'는 '어떤 행동이나 몸짓, 활동을 하다'라는 뜻으로 혼자서도 쓰입니다. 다른 낱말의 뜻을 도와주지 않고 원래 뜻으로 혼자서 쓰일 때에는 띄어 써야 합니다.
예) 열심히 공부해요. / 열심히 공부를 해요.

월   일    오전
오후   :

 띄어쓰기가 바른지 확인하며 주어진 문장을 정확하게 따라 쓰세요.

귓속말을 소곤소곤해요.

| 귓 | 속 | 말 | 을 | ✓ | 소 | 곤 | 소 | 곤 | 해 | 요 | . |

 곰곰이 생각하고 있어요.

| 곰 | 곰 | 이 | ✓ | 생 | 각 | 하 | 고 | ✓ | 있 | 어 | 요 | . |

미소가 행복해 보여요.

| 미 | 소 | 가 | ✓ | 행 | 복 | 해 | ✓ | 보 | 여 | 요 | . |

 띄어 써야 할 곳에 ✓표 하고, 문장을 바르게 옮겨 쓰세요.

❶ 친구와마주치면인사해요.
 →

❷ 놀라서심장이덜컹덜컹해요.
 →

29일차 띄어쓰기로 바른 뜻을 전달해요 - 접두사 붙여 쓰기
낱말의 앞에 붙어 새로운 뜻을 더하는 말은 붙여 써요

 '풋고추'라는 말을 들어 본 적이 있나요? 고추는 고추인데 아직 익지 않은 푸른 고추를 뜻하죠. '풋-'은 '처음 나온, 덜 익은' 또는 '깊지 않은'이라는 뜻을 더해 줘요. '풋-'처럼 혼자서는 쓸 수 없지만 낱말 앞에 붙어서 새로운 뜻을 더해 주는 말들을 접두사라고 하는데, 낱말 앞에 꼭 붙여 써야 해요.

띄어쓰기 약속 ⑨ 접두사는 낱말의 앞에 붙여 써요.

| 한 | 시 | 름 | ✓ | 놓 | 다 | . |

'한-'은 낱말의 앞에 붙어서 '큰', '정확한, 한창인', '같은'이라는 뜻을 더해 줘요.

| 강 | 추 | 위 | 를 | ✓ | 견 | 디 | 다 | . |

'강-'은 낱말의 앞에 붙어서 '매우 센' 또는 '호된'이라는 뜻을 더해 줘요.

| 참 | 뜻 | 을 | ✓ | 깨 | 닫 | 다 | . |

'참-'은 낱말의 앞에 붙어서 '진짜' 또는 '물건의 성질이 우수하다'라는 뜻을 더해 줘요.

엄마는 선생님! '어근(낱말의 뿌리, 즉 중심이 되는 부분)의 머리에 붙는 말'이라는 뜻에서 접두사라고 부릅니다.

월 일   오전 오후   :

 띄어쓰기가 바른지 확인하며 주어진 문장을 정확하게 따라 쓰세요.

 햇사과가 정말 맛있어요.

| 햇 | 사 | 과 | 가 | ✓ | 정 | 말 | ✓ | 맛 | 있 | 어 | 요 | . |

 남의 말을 엿듣지 마세요.

| 남 | 의 | ✓ | 말 | 을 | ✓ | 엿 | 듣 | 지 | ✓ | 마 | 세 | 요 | . |

 맨손으로 물고기를 잡아요.

| 맨 | 손 | 으 | 로 | ✓ | 물 | 고 | 기 | 를 | ✓ | 잡 | 아 | 요 | . |

 띄어 써야 할 곳에 ✓표 하고, 문장을 바르게 옮겨 쓰세요.

❶ 빛좋은개살구라는말이있어요.
→ _____

❷ 한겨울을나기위해준비를해요.
→ _____

여러 가지 접두사의 뜻을 알아봐요.
햇-: 그 해에 난 / 엿-: 몰래 / 맨-: 다른 것이 없다
개-: 진짜나 좋은 것이 아니고 함부로 된 것

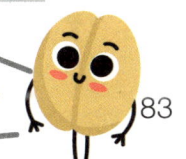

 **30일차** 띄어쓰기로 바른 뜻을 전달해요 - 접미사 붙여 쓰기
낱말의 뒤에 붙어 새로운 뜻을 더하는 말은 붙여 써요

한 번쯤 '잠꾸러기', '장난꾸러기'라는 말을 들어 본 적이 있을 거예요. 여기서 '-꾸러기'는 낱말 뒤에 붙어서 '어떤 것이 심하거나 많은 사람'이라는 뜻을 더해 주는 말이에요. '-꾸러기'처럼 혼자서는 쓸 수 없지만 낱말 뒤에 붙어서 새로운 뜻을 더해 주는 말들을 접미사라고 하는데, 낱말 뒤에 꼭 붙여 써야 해요.

 **띄어쓰기 약속 ⑩** 접미사는 낱말의 뒤에 붙여 써요.

| 바 | 느 | 질 | 을 | ✓ | 해 | 요 | . |

'-질'은 '그 도구를 가지고 하는 일', '그 신체 부위를 이용한 어떤 동작'이라는 뜻을 더해 줘요.

| 지 | 우 | 개 | 로 | ✓ | 지 | 워 | 요 | . |

'-개'는 '그러한 행동을 하기 위한 간단한 도구'라는 뜻을 더해 줘요.

 **엄마는 선생님!** '어근의 꼬리에 붙는 말'이라는 뜻에서 접미사라고 부르고, 접두사와 접미사를 묶어 '접사'라고 부릅니다.

월   일  오전 오후   :

 띄어쓰기가 바른지 확인하며 주어진 문장을 정확하게 따라 쓰세요.

 내 동생은 울보예요.

| 내 | ✓ | 동 | 생 | 은 | ✓ | 울 | 보 | 예 | 요 | . | | |
| | | | | | | | | | | | | |

 쓱싹쓱싹 톱질을 해요.

| 쓱 | 싹 | 쓱 | 싹 | ✓ | 톱 | 질 | 을 | ✓ | 해 | 요 | . | |
| | | | | | | | | | | | | |

 뒤집개로 뒤집어 주세요.

| 뒤 | 집 | 개 | 로 | ✓ | 뒤 | 집 | 어 | ✓ | 주 | 세 | 요 | . |
| | | | | | | | | | | | | |

 띄어 써야 할 곳에 ✓표 하고, 문장을 바르게 옮겨 쓰세요.

❶ 우리는동갑내기친구예요.

→ _____

❷ 떡볶이천원어치주세요.

→ _____

-보: '그것을 특성으로 지닌 사람'이라는 뜻을 더해 줘요.
-내기: '그런 특성을 지닌 사람'이라는 뜻을 더해 줘요.
-어치: '그 값에 해당하는 분량'이라는 뜻을 더해 줘요.

확인 학습

1. 바르게 띄어 쓴 말을 찾아 ○표 하세요.

   ① 어렸을 때는 [울 보] [울보] 였어요.
   ② [한가운데] [한 가운데] 에 놓아 주세요.
   ③ [햇 과일] [햇과일] 이 정말 맛있어요.
   ④ 할머니께 [바느질] [바느 질] 을 배웠어요.

2. 띄어쓰기가 바른 것을 낱말 카드에서 찾아 쓰세요.

   ① 연습 (　　　　　)만 하면 우승이에요.
   ② 열심히 (　　　　　) 공부도 해요.
   ③ 부모님의 (　　　　　)을 느꼈어요.

3. 띄어 써야 할 곳에 ✓표 하고, 문장을 바르게 옮겨 쓰세요.

   ① 호랑이같이무서운선생님 →
   ② 맨발로모래위를뛰어요. →
   ③ 애벌레가꿈틀꿈틀해요. →

정답 | 134쪽

4. 밑줄 친 부분의 띄어쓰기를 바르게 고친 것을 고르세요.

❶ 세상에 하나 뿐인 보물이에요.
   • ㄱ 하나뿐 인
   • ㄴ 하나뿐인

❷ 강감찬장군님을 제일 존경해요.
   • ㄱ 강감찬 장군님
   • ㄴ 강 감찬 장군님

❸ 나물을 이천원어치 샀어요.
   • ㄱ 이천원 어치
   • ㄴ 이천 원어치

5. 다음 중 맞는 것에 O, 틀린 것에 X표 하고, 틀린 띄어쓰기를 바르게 고쳐 쓰세요.

> ㄱ 가수 만큼 노래를 잘 부르고 싶어요. (   )
>
> ㄴ 쟁반 같이 둥근 달이 둥실 떠 있어요. (   )
>
> ㄷ 동생은 아직 '엄마'라는 말밖에 몰라요. (   )

❶ _____의 _____을(를) _____(으)로 고쳐야 해요.

❷ _____의 _____을(를) _____(으)로 고쳐야 해요.

여러 가지 뜻을 가지는 낱말 - 다의어

'다의어'란 하나의 낱말이 두 가지 이상의 뜻을 가진 낱말을 말해요. 포도 줄기에 포도알들이 주렁주렁 달린 모습을 상상해 보세요. 다의어도 하나의 줄기(중심 의미)에서 뜻이 확대된 열매(주변 의미)로 이루어져 있답니다. 사전을 찾아보면 하나의 낱말에 열 개 이상의 뜻이 달린 경우도 볼 수 있어요. 모르는 단어를 사전에서 찾아볼 때 여러 가지 뜻을 함께 익히면 더 좋겠죠? 다의어의 의미를 알고 글을 쓸 때 알맞게 활용해 봐요.

〈얼굴의 여러 가지 뜻〉
 ① 얼굴이 뽀얗다 (눈, 코, 입이 있는 머리의 앞쪽 부분), ② 실수를 해서 얼굴을 세울 수가 없다 (체면), ③ 겁에 질린 얼굴 (표정), ④ 한강은 서울의 얼굴이다 (대표, 상징)

길	중심 의미 :	사람이나 차 등이 지나다니게 만든 공간
	주변 의미 :	목적지에 가기 위해 거치는 곳, 방법이나 수단 등
손	중심 의미 :	사람 몸에 있는 손
	주변 의미 :	일하는 사람, 일하는 데 드는 힘, 영향력 등
발	중심 의미 :	사람이나 동물 몸에 있는 발
	주변 의미 :	걸음을 빗대어 이르는 말, 가구의 밑을 받치고 있는 짧게 도드라진 부분 등
다리	중심 의미 :	사람이나 동물 몸에 있는 다리
	주변 의미 :	물건을 받치기 위해 물건 아래쪽에 붙인 부분, 안경을 귀에 걸 수 있게 만든 부분 등
먹다	중심 의미 :	음식 등을 입을 통하여 배 속에 들여보내다
	주변 의미 :	어떤 마음이나 감정을 품다, 어떤 나이가 되거나 나이를 더하다, 겁이나 충격 등을 느끼다 등
맵다	중심 의미 :	고추나 겨자같이 맛이 알알하다
	주변 의미 :	성격이 독하다, 날씨가 매우 춥다, 연기 등이 눈, 코 등을 아리게 하다 등
고치다	중심 의미 :	고장이 난 것을 손질하여 쓸 수 있게 하다
	주변 의미 :	병을 낫게 하다, 잘못된 것을 올바르게 하다, 전과 다르게 바꾸다 등

제4장

쓰임새를 구별해서 써요

31일차 되 / 돼
32일차 웃- / 윗-
33일차 -이 / -히
34일차 이따가 / 있다가
35일차 -쟁이 / -장이
≫ 확인 학습

31일차 쓰임새를 구별해서 써요 – '되'와 '돼'
되 / 돼

'되'와 '돼'는 모양과 소리가 비슷해서 틀리기 쉬운 표현 중 하나예요. 하지만 규칙을 알면 헷갈리지 않아요. 기본형은 '되다'이고, '돼'는 '되어'의 준말입니다. '되'에 '–어서', '–어라', '었다' 같은 말이 붙을 때에 '돼서', '돼라', '됐다' 등으로 줄어드는 것이지요. 그래서 '되'와 '돼'가 헷갈릴 때에는 '되어'를 넣어서 말이 되면 '돼'로, 말이 되지 않으면 '되'로 쓰면 돼요.

'되다'가 기본형이에요. 반드시 '되'로 써야 하는 경우를 기억해요.
되지(O) – 돼지(X) / 되고(O) – 돼고(X) / 됩니다(O) – 뱁니다(X)
예 내년에 중학생이 되다.

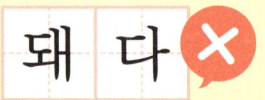
'돼다'라는 말은 없어요. '되다'에서 바뀌지 않는 부분 '되'에 '–어서' '–어라' 등이 붙었을 때에는 '돼서', '돼라'로 쓸 수 있어요.
되었다(O) – 됐다(O) – 됬다(X) / 되어서(O) – 돼서(O) – 되서(X) / 되어야(O) – 돼야(O) – 되야(X)
예 민지는 선생님이 됐다.

엄마는 선생님!
'하다'의 '하'와 '해'를 이용해서 '되'와 '돼'를 쉽게 구별할 수도 있습니다. 헷갈리는 곳에 '하'를 넣어서 말이 되면 '되'를, '해'를 넣어야 말이 되면 '돼'로 쓰면 됩니다.
예 드디어 완성됐다. (완성핬다는 말이 안 되고, 완성했다는 말이 되니까 '됐'을 써요)
5학년이 되고서 키가 컸어요. ('해고서'는 말이 안 되고, '하고서'는 말이 되니까 '되'를 써요)

문장에 알맞은 낱말을 찾아 O표 하고 정확하게 따라 쓰세요.

 선생님 설명을 들으니 이해가 잘 | 되요 | 돼요 |.

| 선 | 생 | 님 | ✓ | 설 | 명 | 을 | ✓ | 들 | 으 | 니 | ✓ | 이 | 해 |
| 가 | ✓ | 잘 | ✓ | | | | | . | | | | | |

 함께 공부하고 놀면서 친구가 | 됬어요 | 됐어요 |.

 틀린 것은 지우고 다시 쓰면 | 됩니다 | 됩니다 |.

 잘못 쓴 부분을 찾아 X표 하고 뜻에 맞게 고쳐 쓰세요.

❶ 다음 주나 되야 갈 수 있어요.
→ _____

❷ 아픈 사람을 돕는 의사가 돼고 싶어요.
→ _____

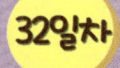

32일차 쓰임새를 구별해서 써요 – '웃–'과 '윗–'
웃– / 윗–

우리는 '웃어른'을 공경해야 할까요? 아니면 '윗어른'을 공경해야 할까요? 정답은, '웃어른'이에요. '웃–'과 '윗–'은 모두 다른 낱말의 앞에 붙어서 '위'라는 뜻을 더해 주지만 때에 따라 구별해서 써야 해요. '웃–'은 위와 아래가 반대되는 말이 없는 경우에 쓰고, '윗–'은 위와 아래가 반대되는 말이 있는 경우에 써요.

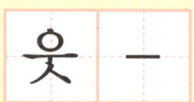

다른 낱말의 앞에 붙어서 '위'의 뜻을 더해 줘요.
'위'와 '아래'가 반대되는 말이 없을 때 써요.
- 예) 웃어른: 나이나 지위가 자기보다 높아서 모셔야 하는 윗사람이라는 뜻이에요. 아래어른은 없어요.
   웃옷: 가장 겉에 입는 옷이에요. 반대말은 없어요.

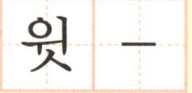

다른 낱말의 앞에 붙어서 '위'의 뜻을 더해 줘요.
'위'와 '아래'가 반대되는 말이 있을 때 써요.
- 예) 윗도리: 몸의 윗부분에 입는 옷이에요. 반대말은 아랫도리예요.
   윗옷: 윗도리와 비슷한 말이에요. 반대말은 아래옷이에요.

엄마는 선생님!
'윗–'을 붙여 써야 할 경우 뒤에 오는 낱말이 된소리(ㄲ, ㄸ, ㅃ, ㅉ, ㅆ)이거나 거센소리(ㅋ, ㅌ, ㅍ, ㅊ)로 시작하면 '윗'이 아니라 '위'라고 써야 합니다. 예) 위쪽(O) / 윗쪽(X), 위층(O) / 윗층(X)

월   일   오전/오후   :

문장에 알맞은 낱말을 찾아 O표 하고 정확하게 따라 쓰세요.   4-3.mp3

바깥은 추우니까 ⟨윗옷 | 웃옷⟩ 을 걸쳐 입으세요.

| 바 | 깥 | 은 | ✓ | 추 | 우 | 니 | 까 | ✓ | | | 을 | ✓ | 걸 |
| 쳐 | ✓ | 입 | 으 | 세 | 요 | . | | | | | | | |

⟨위층 | 웃층⟩ 에서 쿵쿵 발걸음 소리가 들려요.

| | | 에 | 서 | ✓ | 쿵 | 쿵 | ✓ | 발 | 걸 | 음 | ✓ | 소 | 리 |
| 가 | ✓ | 들 | 려 | 요 | . | | | | | | | | |

⟨윗몸 | 웃몸⟩ 일으키기로 건강한 몸을 만들어요.

| | | | ✓ | 일 | 으 | 키 | 기 | 로 | ✓ | 건 | 강 | 한 | ✓ | 몸 |
| 을 | ✓ | 만 | 들 | 어 | 요 | . | | | | | | | | |

잘못 쓴 부분을 찾아 X표 하고 뜻에 맞게 고쳐 쓰세요.   4-4.mp3

❶ 윗어른의 말씀에 귀 기울여요.
   →

❷ 아랫집에서 웃집으로 이사해요.
   →

33일차 쓰임새를 구별해서 써요 - '-이'와 '-히'
-이 / -히

'-이'와 '-히'는 일부 낱말 뒤에 붙어서 꾸며 주는 말을 만들어 주는 접미사예요. '깨끗이', '나란히'와 같은 말들을 만들죠. '-이'와 '-히'는 모양과 소리가 비슷해서 틀리기 쉽지만 규칙을 알면 실수를 줄일 수 있어요. 어떤 규칙이 있는지 알고 바르게 따라 쓰며 기억해 보세요.

| -이 | 소리를 내었을 때 분명히 [이]로만 나는 것은 '-이'로 적고, 사물의 이름을 나타내는 말이 반복되거나 'ㅅ'으로 낱말이 끝나는 경우에는 '-이'를 써요.
예) 틈틈이(O) / 틈틈히(X), 깨끗이(O) / 깨끗히(X) |

| -히 | 소리를 내었을 때 [히]로만 나거나 [이] 또는 [히]로 나는 것은 '-히'로 써요. 발음이 분명하지 않아 잘 모를 때에는 '-하다'가 붙을 수 있는 낱말 뒤에 '-히'를 써요.
예) 정확히(O) / 정확이(X), 나란히(O) / 나란이(X) |

엄마는 선생님!
맞춤법의 원칙은 소리를 기준으로 하지만 소리가 '-이'로 나는지 '-히'로 나는지 구별하는 일은 쉽지 않습니다. 대표적으로 '-이'로 쓰는 것과 '-히'로 쓰는 것을 알고, 간단한 구별법을 익힐 수 있도록 지도해 주세요.

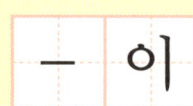 깨끗이 / 따뜻이 / 반듯이 / 줄줄이 / 일일이 ('-이'로 쓰는 낱말들)
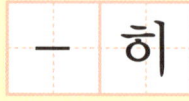 솔직히 / 가만히 / 나란히 / 분명히 / 과감히 ('-히'로 쓰는 낱말들)

월　　　일　 오전
오후　　：

 문장에 알맞은 낱말을 찾아 O표 하고 정확하게 따라 쓰세요. 　4-5.mp3

 옷을 [겹겹이 | 겹겹히] 여러 벌 껴 입어요.

| 옷 | 을 | ✓ | | | | ✓ | 여 | 러 | ✓ | 벌 | ✓ | 껴 | ✓ |
| 입 | 어 | 요 | . | | | | | | | | | | |

책을 책장에 [나란이 | 나란히] 꽂아 두어요.

| 책 | 을 | ✓ | 책 | 장 | 에 | ✓ | | | | ✓ | 꽂 | 아 | ✓ |
| 두 | 어 | 요 | . | | | | | | | | | | |

 창틀에 [틈틈이 | 틈틈히] 낀 먼지를 털어요.

| 창 | 틀 | 에 | ✓ | | | | ✓ | 낀 | ✓ | 먼 | 지 | 를 | ✓ |
| 털 | 어 | 요 | . | | | | | | | | | | |

 잘못 쓴 부분을 찾아 X표 하고 뜻에 맞게 고쳐 쓰세요. 　4-6.mp3

❶ 구슬을 줄줄히 꿰어 팔찌를 만들어요.

　→ _____

❷ 집에 오면 먼저 손발을 깨끗히 씻어요.

　→ _____

쓰임새를 구별해서 써요 – '이따가'와 '있다가'

이따가 / 있다가

'이따가'는 '조금 뒤에'라는 뜻이에요. '있다가'는 '조금 머물다가'라는 뜻으로 쓰이는데, 어느 곳에 잠시 머무르거나 어떤 상태를 유지하다가'라는 뜻이에요. 즉, '이따가'는 시간과 관계되고, '있다가'는 공간과 관계되는 말인 것이지요. 헷갈리기 쉬운 말이지만 의미를 생각하며 바르게 쓸 수 있도록 해요.

| 이 | 따 | 가 |

'조금 뒤에'라는 뜻이에요 비슷한 말로 '이따'를 쓸 수 있어요.
예) 조금 이따가 갈게.

| 있 | 다 | 가 |

'조금 머물다가'라는 뜻이에요. '있다'라는 낱말에 다른 동작이나 상태로 바뀌는 것을 나타내는 '–다가'가 붙은 말이에요.
예) 여기 있다가 갈게.

월   일    오전/오후   :

 문장에 알맞은 낱말을 찾아 O표 하고 정확하게 따라 쓰세요.   4-7.mp3

이 케이크는 [이따가 | 있다가] 같이 먹자.

| 이 | ✓ | 케 | 이 | 크 | 는 | ✓ | | | | ✓ | 같 | 이 | ✓ |
| 먹 | 자 | . | | | | | | | | | | | |

엄마, 설거지는 [이따가 | 있다가] 제가 할게요.

| 엄 | 마 | , | ✓ | 설 | 거 | 지 | 는 | ✓ | | | | ✓ | 제 |
| 가 | ✓ | 할 | 게 | 요 | . | | | | | | | | |

집에 [이따가 | 있다가] 친구 집으로 놀러 갔어요.

| 집 | 에 | ✓ | | | | | ✓ | 친 | 구 | ✓ | 집 | 으 | 로 | ✓ |
| 놀 | 러 | ✓ | 갔 | 어 | 요 | . | | | | | | | | |

 잘못 쓴 부분을 찾아 X표 하고 뜻에 맞게 고쳐 쓰세요.   4-8.mp3

❶ 우리 있다가 이야기 좀 하자.

　→ _____

❷ 조금 더 여기 이따가 갈게요.

　→ _____

35일차 쓰임새를 구별해서 써요 – '-쟁이'와 '-장이'
-쟁이 / -장이

옹기장이와 양복장이   **겁쟁이와 수다쟁이**

 '-쟁이'는 어떤 낱말 뒤에 붙어서 그런 성질을 많이 가진 사람이라는 뜻을 더해 줄 때 쓰는 말이에요. '겁쟁이', '개구쟁이', '멋쟁이' 등이 있지요. '-장이'는 어떤 기술을 가지고 있는 사람이라는 뜻을 더해 줄 때 써요. '미장이', '양복장이' 등이 있어요.

 사람의 성질이나 독특한 습관, 행동을 나타낼 때 써요.
예) 수다쟁이 / 욕심쟁이 / 떼쟁이

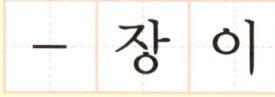 어떤 기술을 가지고 있는 사람을 가리킬 때 써요.
예) 미장이 / 양복장이 / 옹기장이

엄마는 선생님!
'-장이'는 일부 낱말 뒤에 붙어 수공업적인 기술이 있는 사람이라는 뜻을 더해 주는 접미사입니다.
예) 미장이: 벽이나 바닥에 시멘트나 흙을 바르는 일을 직업으로 하는 사람 /
양복장이: 양복을 만드는 사람 / 옹기장이: 옹기나 그릇을 만드는 일을 직업으로 하는 사람

📅 　월　　　일　🕐 오전/오후　：

 문장에 알맞은 낱말을 찾아 O표 하고 정확하게 따라 쓰세요. 🎧 4-9.mp3

 나는 동네에서 소문난 [멋쟁이 | 멋장이] 예요.

나	는	✓	동	네	에	서	✓	소	문	난	✓		
		예	요	.									

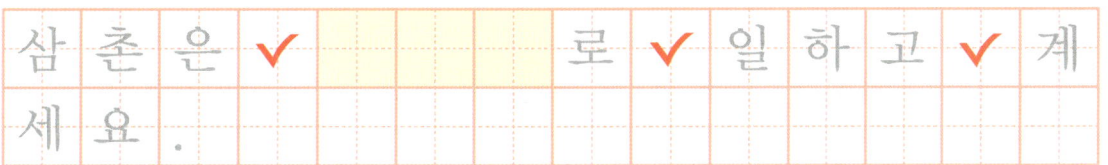 삼촌은 [미쟁이 | 미장이] 로 일하고 계세요.

| 삼 | 촌 | 은 | ✓ | | | | | 로 | ✓ | 일 | 하 | 고 | ✓ | 계 |
| 세 | 요 | . | | | | | | | | | | | | |

 동생은 못 말리는 [방귀쟁이 | 방귀장이] 예요.

| 동 | 생 | 은 | ✓ | 못 | ✓ | 말 | 리 | 는 | ✓ | | | | |
| | | 예 | 요 | . | | | | | | | | | |

 잘못 쓴 부분을 찾아 X표 하고 뜻에 맞게 고쳐 쓰세요.  4-10.mp3

❶ 양복쟁이는 양복을 만드는 사람이에요.

→ _____

❷ 거짓말장이의 말은 믿을 수 없어요.

→ _____

확인 학습

1. 다음 문장에 들어갈 알맞은 낱말을 찾아 O표 하세요.

① 웃어른 | 윗어른 을 공경해야 해요.

② 저는 커서 과학자가 되고 | 돼고 싶어요.

③ 내 친구 정은이는 수다장이 | 수다쟁이 예요.

④ 엄마는 우리의 잘못을 따뜻이 | 따뜻히 감싸 주세요.

2. 빈칸에 들어갈 알맞은 낱말을 찾아 쓰세요.

① 지붕 밑에 (　　　　　) 비가 그치면 가자.

② 할머니와 (　　　　　) 앉아 사진을 찍어요.

③ 우리 집 (　　　　　)에는 친구가 살아요.

3. 밑줄 친 낱말을 알맞게 고쳐 쓰세요.

① 구슬을 <u>줄줄히</u> 꿰어요. →

② 짐은 다 정리가 <u>됬어요</u>. →

③ 간식은 조금 <u>있다가</u> 먹을게요. →

정답 | 135쪽

4. 빈칸에 들어갈 알맞은 낱말을 찾아 선으로 이으세요.

❶ 바깥이 추워서 ( )을 걸쳐 입어요.
　㉠ 윗옷
　㉡ 웃옷

❷ 방에 잠깐 ( ) 밖으로 나갔어요.
　㉠ 있다가
　㉡ 이따가

❸ 힘들어도 꿈을 포기하면 안 ( ).
　㉠ 되요
　㉡ 돼요

❹ 우리 형의 별명은 ( )예요.
　㉠ 방귀장이
　㉡ 방귀쟁이

5. 다음 중 맞는 것에 O, 틀린 것에 X표 하고, 틀린 낱말을 바르게 고쳐 쓰세요.

㉠ 틈틈이 배운 피아노 실력을 뽐내요. ( )

㉡ 옹기쟁이의 손에서 멋진 옹기가 만들어졌어요. ( )

㉢ 일곱 살이 되야 이 놀이 기구를 탈 수 있어요. ( )

❶ ____의 _____을(를) _____(으)로 고쳐야 해요.

❷ ____의 _____을(를) _____(으)로 고쳐야 해요.

101

한 걸음 더

우리말이 되었어요 - 외래어

'외래어'는 다른 나라의 말이 들어와서 우리말처럼 쓰이는 낱말을 뜻해요. 비록 외국에서 들어온 말이지만 우리나라에서 국어처럼 자연스럽게 쓰이지요. 맞춤법과 띄어쓰기 규칙을 정한 것처럼 외래어를 쓸 때에도 몇 가지 규칙이 있어요. 왜냐하면 같은 외래어라도 쓰는 사람에 따라 그 모양이 달라지면 뜻을 알기 어렵기 때문이죠.

예를 들어 '라디오(radio)'를 '래디오우', '래지오'처럼 쓴다면 바로바로 뜻을 알기가 어렵겠죠? 잘못 쓰기 쉬운 외래어 몇 가지를 알아보고 바르게 쓸 수 있도록 해 봐요.

수퍼(X) → 슈퍼(O)	슈퍼(super)를 '수퍼'로 쓰면 틀려요. 슈퍼맨, 슈퍼스타도 모두 '슈퍼'로 써요.
쥬스(X) → 주스(O)	주스(juice)를 '쥬스'로 잘못 쓰는 일이 많아요. '주스'가 맞고 '쥬스'는 잘못된 표기예요.
케익(X) → 케이크(O)	케이크(cake)를 '케익'이나 '케잌'으로 잘못 쓰는 일이 많지만, '케이크'로 써야 해요.
화이팅(X) → 파이팅(O)	파이팅(fighting)을 '화이팅'으로 잘못 쓰는 일이 많아요. 영어에서 [f]로 소리 나는 것은 'ㅍ'으로 적기로 약속했어요.
로보트(X) → 로봇(O)	로봇(robot)을 '로보트'로 쓰면 틀려요. 로봇의 '봇'처럼 그 나라 말에서 짧게 소리 나는 것은 마지막 자음을 받침으로 적어야 해요.
초콜렛(X) → 초콜릿(O)	초콜릿(chocolate)은 '초콜렛', '초코렛', '쪼꼬렛' 등 여러 가지 잘못된 표기가 있는데, 규칙에 따라 '초콜릿'으로 써야 해요.
센치미터(X) → 센티미터(O)	센티미터(centimeter)를 '센치미터'로 잘못 쓰는 일이 많아요. '센티미터'가 바른 표기예요.
텔레비젼(X) → 텔레비전(O)	텔레비전(television)의 '전'을 '젼'으로 잘못 쓰는 일이 많아요. '전'과 '젼'은 발음 차이가 거의 없기 때문에 '젼'이 아닌 '전'으로 써요.

제5장

비슷해 보이지만 뜻이 달라요

36일차 껍질 / 껍데기
37일차 늘리다 / 늘이다
38일차 담다 / 담그다
39일차 -로서 / -로써
40일차 맞추다 / 맞히다
>> 확인 학습

41일차 바라다 / 바래다
42일차 벌리다 / 벌이다
43일차 비추다 / 비치다
44일차 안 / 못
45일차 작다 / 적다
>> 확인 학습

36일차 껍질 / 껍데기
비슷해 보이지만 뜻이 달라요 – '껍질'과 '껍데기'

'껍질'은 사과나 양파처럼 물체의 겉을 싸고 있는 단단하지 않은 것 또는 동물의 가죽이나 사람의 피부를 말할 때 써요. 한편 '껍데기'는 달걀이나 조개 등의 겉을 싸고 있는 단단한 물질이나, 알맹이를 빼고 겉에 남은 것을 뜻해요. '겉을 감싸고 있는 물체'라는 뜻이 비슷하지만 쓰임새가 다르기 때문에 구별해서 써야 해요.

| 껍 | 질 |

물체의 겉을 감싸고 있는 '단단하지 않은 물질'을 가리켜요.
예) 사과 껍질 / 귤 껍질

| 껍 | 데 | 기 |

물체의 겉을 감싸고 있는 '단단한 물질'을 가리켜요.
예) 달걀 껍데기 / 소라 껍데기

 겉이 말랑한 사과는 껍질

 겉이 단단한 달걀은 껍데기

문장에 알맞은 낱말을 찾아 O표 하고 정확하게 따라 쓰세요.

새우는 단단한 　껍데기로 | 껍질로　 덮여 있어요.

| 새 | 우 | 는 | ✓ | 단 | 단 | 한 | ✓ | | | | | ✓ | 덮 |
| 여 | ✓ | 있 | 어 | 요 | . | | | | | | | | |

이 사과는 　껍데기가 | 껍질이　 너무 두꺼워요.

| 이 | ✓ | 사 | 과 | 는 | ✓ | | | | ✓ | 너 | 무 | ✓ | 두 |
| 꺼 | 워 | 요 | . | | | | | | | | | | |

엄마를 도와서 감자 　껍데기를 | 껍질을　 벗겨요.

| 엄 | 마 | 를 | ✓ | 도 | 와 | 서 | ✓ | 감 | 자 | ✓ | | | |
| 벗 | 겨 | 요 | . | | | | | | | | | | |

 잘못 쓴 부분을 찾아 X표 하고 뜻에 맞게 고쳐 쓰세요.

❶ 바닷가에서 소라 껍질을 주웠어요.

→ _____

❷ 귤 껍데기를 말려 차를 만들어요.

→ _____

37일차 비슷해 보이지만 뜻이 달라요 – '늘리다'와 '늘이다'
늘리다 / 늘이다

 '늘리다'는 '원래보다 많거나 크게 하다'라는 뜻이에요. 한편, '늘이다'는 '어떤 것을 원래보다 더 길게 하다'라는 뜻으로, 힘으로 잡아당겨 길게 할 때 쓰는 말이에요. 비슷해 보이지만 차이가 있기 때문에 의미를 잘 알고 구별해서 써야 해요. '저금은 늘리는 것이고, 고무줄은 늘이는 것'이랍니다.

늘	리	다

원래보다 많거나 크게 한다는 뜻이에요.
물체의 넓이, 부피, 수나 양 등에 해당해요.
예 도서관의 의자를 늘려요.

늘	이	다

어떤 것을 원래보다 더 길게 한다는 뜻이에요.
아래로 길게 처지게 할 때에도 '늘이다'를 써요.
예 키가 커서 짧아진 바지를 늘여요.

 재산은 늘리는 것   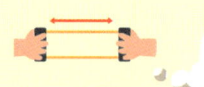 고무줄은 늘이는 것

📅 　월　　　일　⏰ 오전/오후　：

🍄 문장에 알맞은 낱말을 찾아 O표 하고 정확하게 따라 쓰세요. 🎧 5-3.mp3

 머리를 곱게 땋아 [늘린 | 늘인] 모습이 예뻐요.

| 머 | 리 | 를 | ✓ | 곱 | 게 | ✓ | 땋 | 아 | ✓ | | | ✓ | 모 |
| 습 | 이 | ✓ | 예 | 뻐 | 요 | . |

 시험 시간을 십 분 [늘려 | 늘여] 주세요.

| 시 | 험 | ✓ | 시 | 간 | 을 | ✓ | 십 | ✓ | 분 | ✓ | | | ✓ |
| 주 | 세 | 요 | . |

 새총에 달린 고무줄을 길게 [늘려요 | 늘여요].

| 새 | 총 | 에 | ✓ | 달 | 린 | ✓ | 고 | 무 | 줄 | 을 | ✓ | 길 | 게 |
| | | | | | | . |

🎃 잘못 쓴 부분을 찾아 X표 하고 뜻에 맞게 고쳐 쓰세요. 🎧 5-4.mp3

❶ 엿가락을 길게 늘려 먹어요.
　→ _____

❷ 좁은 운동장을 크게 늘여요.
　→ _____

38일차 비슷해 보이지만 뜻이 달라요 – '담다'와 '담그다'
담다 / 담그다

'담다'는 '물건을 그릇 등에 넣거나, 어떤 내용이나 생각을 글이나 표정 등에 나타내는 것'을 뜻하는 말이에요. '담그다'는 '어떤 물체를 액체 속에 넣거나, 김치 등이 익을 수 있도록 버무려서 그릇에 넣어 두는 것'을 뜻해요. 모양이 비슷하여 잘못 쓰는 경우가 많기 때문에 뜻을 생각하면서 바르게 쓸 수 있도록 해요.

담 다
어떤 물건을 그릇 등에 담거나,
그림이나 글 등에 생각을 나타내는 것을 뜻해요.
예) 김치를 그릇에 담아요.

담 그 다
어떤 물체를 액체 속에 넣거나,
술이나 김치 등을 익게 하려고 그릇에 넣는 것을 뜻해요.
예) 온 가족이 모여 김치를 담가요.

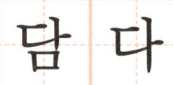 **엄마는 선생님!**
'담그다'를 '담구다'로 잘못 쓰는 경우가 많습니다. '담그다'는 '담가', '담그니'와 같이 모양이 바뀌므로, '담궈', '담구니'처럼 쓰지 않도록 유의하여 지도해 주세요.

📅 　월　　일　⏰ 오전 　：
　　　　　　　　　　　　오후

🍄 **문장에 알맞은 낱말을 찾아 O표 하고 정확하게 따라 쓰세요.**

 수박을 통째로 찬물에 　담아 ｜ 담가　 놓아요.

| 수 | 박 | 을 | ✓ | 통 | 째 | 로 | ✓ | 찬 | 물 | 에 | ✓ | | |
| 놓 | 아 | 요 | . | | | | | | | | | | |

 과일을 깎아서 접시에 예쁘게 　담아요 ｜ 담가요　.

| 과 | 일 | 을 | ✓ | 깎 | 아 | 서 | ✓ | 접 | 시 | 에 | ✓ | 예 | 쁘 |
| 게 | ✓ | | . | | | | | | | | | | |

 집에서 　담은 ｜ 담근　 김치가 제일 맛있어요.

| 집 | 에 | 서 | ✓ | | | ✓ | 김 | 치 | 가 | ✓ | 제 | 일 | ✓ |
| 맛 | 있 | 어 | 요 | . | | | | | | | | | |

🎃 **잘못 쓴 부분을 찾아 X표 하고 뜻에 맞게 고쳐 쓰세요.**

❶ 전통 방식을 따라 된장을 담아요.

→ _____

❷ 마음을 담가 친구에게 편지를 써요.

→ _____

39일차 비슷해 보이지만 뜻이 달라요 – '-로서'와 '-로써'
-로서 / -로써

누나로서 동생을 도와줘요.

가시로써 몸을 지켜요.

'-로서'는 어떤 지위나 신분, 자격을 나타내는 뜻으로 쓰이는 말이에요. 한편 '-로써'는 모양과 소리는 비슷하지만 '어떤 물건의 재료나 원료', 또는 '어떤 일을 하는 데 쓰이는 도구나 수단, 방법'을 나타내는 뜻으로 쓰여요. '-로서'와 '-로써'를 잘못 쓰는 경우가 많은데, 각각의 쓰임새를 생각하면서 바르게 쓰도록 해요.

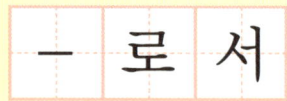

어떤 지위나 신분, 자격을 나타내요.
사람을 나타내는 말 뒤에 쓰여요.
예 선배로서 후배를 도와줘요.

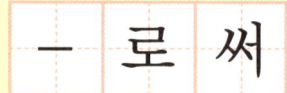

어떤 일의 수단이나 도구, 재료를 나타내요.
'~를 써서'라는 말로 바꿔 보면 헷갈리지 않아요.
예 남은 재료로써 멋진 요리를 만들어요.

월   일   오전/오후   :

 문장에 알맞은 낱말을 찾아 O표 하고 정확하게 따라 쓰세요.

 오빠 로서 | 로써 동생을 지키고 도와줘요.

| 오 | 빠 | | | ✓ | 동 | 생 | 을 | ✓ | 지 | 키 | 고 | ✓ | 도 |
| 와 | 줘 | 요 | . | | | | | | | | | | |

 대화 로서 | 로써 문제를 풀 수 있어요.

| 대 | 화 | | | ✓ | 문 | 제 | 를 | ✓ | 풀 | ✓ | 수 | ✓ | 있 |
| 어 | 요 | . | | | | | | | | | | | |

 이 빵은 쌀 로서 | 로써 만들어서 맛있어요.

| 이 | ✓ | 빵 | 은 | ✓ | 쌀 | | ✓ | 만 | 들 | 어 | 서 | ✓ |
| 맛 | 있 | 어 | 요 | . | | | | | | | | |

 잘못 쓴 부분을 찾아 X표 하고 뜻에 맞게 고쳐 쓰세요.

❶ 입학한 지 올해로서 6년이 되었어요.

→ _____

❷ 학생으로써 나쁜 일은 하면 안 돼요.

→ _____

40일차 비슷해 보이지만 뜻이 달라요 – '맞추다'와 '맞히다'
맞추다 / 맞히다

퍼즐 조각을 맞추다.

정답을 모두 맞히다.

아하! '맞추다'는 '떨어져 있는 여러 부분을 제자리에 맞게 붙이다', '둘 이상의 대상을 같이 놓고 비교하여 살피다'라는 뜻의 낱말이에요. 한편 '맞히다'는 '문제에 대한 답을 옳게 대다'라는 뜻이지요. 두 낱말을 잘못 쓰는 경우가 많은데 뜻을 구별해서 사용해야 해요. '퍼즐 조각을 맞추는 퀴즈의 정답을 맞히다'라는 문장으로 뜻과 쓰임을 기억해 봐요.

맞추다
서로 떨어져 있는 부분을 제자리에 맞게 붙이거나, 둘 이상의 대상을 나란히 놓고 비교할 때 써요.
예 창문을 창틀에 맞추다. / 친구와 답안지를 맞추다.

맞히다
'적중하다'라는 뜻을 나타내요. '문제에 대한 답을 옳게 대다', '쏘거나 던지거나 하여 한 물체가 어떤 물체에 닿게 하다'라는 뜻을 나타내요.
예 정답을 맞히다. / 화살을 과녁에 맞히다.

엄마는 선생님! '맞추다'와 '맞히다'를 써야하는 여러 가지 경우를 잘 알고 바르게 쓸 수 있도록 지도해 주세요.
- 맞추다 – 시계를 맞추다 / 줄을 맞추다 / 옷을 맞추다 / 간을 맞추다
- 맞히다 – 비를 맞히다 / 주사를 맞히다 / 과녁을 맞히다 / 바람을 맞히다

📅 　월　　일　🕐 오전/오후　：

🍄 **문장에 알맞은 낱말을 찾아 O표 하고 정확하게 따라 쓰세요.** 🎧 5-9.mp3

 알쏭달쏭 수수께끼의 정답을 [맞춰 | 맞혀] 보아요.

알	쏭	달	쏭	✓	수	수	께	끼	의	✓	정	답	을
		✓	보	아	요	.							

 공부 후에 정답지의 답과 [맞춰 | 맞혀] 보았어요.

공	부	✓	후	에	✓	정	답	지	의	✓	답	과	✓
		✓	보	았	어	요	.						

 아기에게 주사를 [맞추기 | 맞히기] 가 힘들어요.

아	기	에	게	✓	주	사	를	✓				가	✓
힘	들	어	요	.									

🎃 **잘못 쓴 부분을 찾아 X표 하고 뜻에 맞게 고쳐 쓰세요.**  5-10.mp3

❶ 부품을 맞혀서 로봇을 완성해요.
　→ _____

❷ 화살을 과녁 한가운데 맞췄어요.
　→ _____

확인 학습

1. 다음 문장에 들어갈 알맞은 낱말을 찾아 O표 하세요.

❶ 과일을 접시에 예쁘게 담가요 | 담아요 .

❷ 삶은 달걀의 껍데기 | 껍질 를 벗겨 먹어요.

❸ 고슴도치는 가시 로서 | 로써 몸을 지켜요.

❹ 몸무게를 늘리려고 | 늘이려고 밥을 많이 먹어요.

2. 빈칸에 들어갈 알맞은 낱말을 찾아 쓰세요.

❶ 마음을 (　　　　　) 편지 한 통을 받았어요.

❷ 쉬는 시간에 친구와 답을 (　　　　　) 봐요.

❸ 달리기 실력을 (　　　　　) 위해 연습해요.

3. 밑줄 친 낱말을 알맞게 고쳐 쓰세요.

❶ 퀴즈의 정답을 한 번에 **맞췄어요**. →

❷ 사과 **껍데기**에는 영양이 많아요. →

❸ 온 가족이 모여 김치를 **담아요**. →

정답 | 136쪽

4. 빈칸에 들어갈 알맞은 낱말을 찾아 선으로 이으세요.

① 친구( ) 고민을 들어 줘요.   •   • ㄱ 로서
　　　　　　　　　　　　　　　• ㄴ 로써

② 양파는 ( )이 매우 얇아요.   •   • ㄱ 껍질
　　　　　　　　　　　　　　　• ㄴ 껍데기

③ 열 문제 중에 아홉 문제를 ( ).   •   • ㄱ 맞혔어요
　　　　　　　　　　　　　　　　• ㄴ 맞췄어요

④ 짧아진 바지 길이를 ( ).   •   • ㄱ 늘려요
　　　　　　　　　　　　　• ㄴ 늘여요

5. 다음 중 맞는 것에 O, 틀린 것에 X표 하고, 틀린 낱말을 바르게 고쳐 쓰세요.

ㄱ 소라 껍질을 귀에 대면 바다 소리가 들려요.　( )

ㄴ 할머니는 집에서 직접 고추장을 담그세요.　( )

ㄷ 말로서 천 냥 빚을 갚는다는 말이 있어요.　( )

① ___의 _____을(를) _____(으)로 고쳐야 해요.

② ___의 _____을(를) _____(으)로 고쳐야 해요.

115

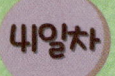 비슷해 보이지만 뜻이 달라요 – '바라다'와 '바래다'

바라다 / 바래다

 '바라다'는 '생각이나 희망대로 어떤 일이 이루어지기를 기대하다'라는 뜻이에요. 한편 '바래다'는 '햇빛이나 습기 때문에 색이 옅어지거나 누렇게 변하다'라는 뜻이에요. 이 두 낱말은 모양이 비슷하다 보니 잘못 쓰는 경우가 많이 있어요.

'종이는 바래도 우정은 변하지 않기를 바라다'라는 문장으로 뜻과 쓰임을 기억해 봐요.

바	라	다

'어떤 일이 이루어지기를 기대하다'라는 뜻이에요.
희망이 이루어지기를 원하는 간절한 마음은 '바람'이라고 써요.
예) 할머니가 건강하시기를 바라요.

바	래	다

'햇빛이나 습기 때문에 색이 변하다'라는 뜻이에요.
예) 햇빛에 옷 색깔이 바랬어요.

월   일   오전 오후 :

문장에 알맞은 낱말을 찾아 O표 하고 정확하게 따라 쓰세요. 🎧 5-11.mp3

 친구와의 우정이 변하지 않기를 바라요 | 바래요 .

| 친 | 구 | 와 | 의 | ✓ | 우 | 정 | 이 | ✓ | 변 | 하 | 지 | ✓ | 않 |
| 기 | 를 | ✓ | | | | . | | | | | | | |

 사진이 오래되어 색이 바랐어요 | 바랬어요 .

| 사 | 진 | 이 | ✓ | 오 | 래 | 되 | 어 | ✓ | 색 | 이 | ✓ | | |
| | | . | | | | | | | | | | | |

 대회에서 상을 받기를 바라고 | 바래고 있어요.

| 대 | 회 | 에 | 서 | ✓ | 상 | 을 | ✓ | 받 | 기 | 를 | ✓ | | |
| ✓ | 있 | 어 | 요 | . | | | | | | | | | |

잘못 쓴 부분을 찾아 X표 하고 뜻에 맞게 고쳐 쓰세요. 🎧 5-12.mp3

❶ 전학 가서도 건강하기를 바래.

→ _____

❷ 일기장의 색이 누렇게 바랐어요.

→ _____

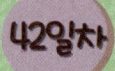 비슷해 보이지만 뜻이 달라요 – '벌리다'와 '벌이다'
벌리다 / 벌이다

전철에서 다리를 벌리고 앉으면 안 돼요.

열한 번째 생일 파티를 벌였어요.

 '벌리다'는 '붙어 있는 둘 사이를 넓히거나 열리게 하다' 또는 '돈벌이가 되다'라는 뜻이에요. '벌이다'는 '일을 계획하여 시작하거나 펼치다' 또는 '여러 개의 물건을 늘어놓다'라는 뜻이에요. 전혀 다른 뜻이지만 모양이 비슷해서 '벌이다'를 써야 할 자리에 '벌리다'를 잘못 쓰는 경우가 많아요. 낱말의 뜻과 쓰임을 생각하며 바르게 따라 써 보세요.

| 벌 | 리 | 다 |

가까이 있거나 붙어 있는 둘 사이를 넓히거나 열리게 한다는 뜻이에요.
예) 입을 크게 벌리고 웃어요.

| 벌 | 이 | 다 |

일을 계획하여 시작하거나 펼쳐 놓는다는 뜻이에요.
예) 이웃들을 초대해서 잔치를 벌여요.

118

문장에 알맞은 낱말을 찾아 O표 하고 정확하게 따라 쓰세요. 5-13.mp3

 밤송이를 벌려 | 벌여 잘 익은 밤을 꺼내요.

| 밤 | 송 | 이 | 를 | ✓ | | | ✓ | 잘 | ✓ | 익 | 은 | ✓ | 밤 |
| 을 | ✓ | 꺼 | 내 | 요 | . | | | | | | | | |

 바닥에 책을 벌려 | 벌여 놓아서 혼났어요.

| 바 | 닥 | 에 | ✓ | 책 | 을 | ✓ | | | ✓ | 놓 | 아 | 서 | ✓ |
| 혼 | 났 | 어 | 요 | . | | | | | | | | | |

 나는 다리를 일자로 벌릴 | 벌일 수 있어요.

| 나 | 는 | ✓ | 다 | 리 | 를 | ✓ | 일 | 자 | 로 | ✓ | | | ✓ |
| 수 | ✓ | 있 | 어 | 요 | . | | | | | | | | |

 잘못 쓴 부분을 찾아 X표 하고 뜻에 맞게 고쳐 쓰세요.

❶ 오늘은 돈이 많이 벌였어요.
　→ _____

❷ 친구와 비밀 작전을 벌려요.
　→ _____

43일차 비슷해 보이지만 뜻이 달라요 – '비추다'와 '비치다'
비추다 / 비치다

'비추다'는 '빛을 내는 것이 다른 것을 밝게 하거나 나타나게 하다'라는 뜻이에요. 빛을 내는 물건을 사용해서 밝게 하는 것도 '비추다'를 써요. '비치다'는 '빛이 나서 환하게 되다'라는 뜻이에요. '비추다'와 '비치다'는 모양이 비슷해서 구별해서 쓰기가 어려워요. 주어진 문장들을 따라 쓰며 바른 뜻을 익히도록 해요.

| 비 추 다 | 빛을 내는 것이 다른 것을 밝게 하거나 나타나게 할 때 써요.
빛을 내는 물건을 사용할 때에도 '비추다'를 써요.
예 햇빛이 잘 비추는 곳에 화분을 놓아요. |

| 비 치 다 | 어떠한 물체가 빛이 나서 환하게 되거나 모양이 나타나 보일 때 써요.
예 창가에 달빛이 비치고 있어요. |

엄마는 선생님!

'비추다'와 '비치다'는 어울리는 조사에도 차이가 있습니다.
- 비추다: '~을(를) 비추다'와 같이 많이 쓰입니다. 예 손전등을 비추다
- 비치다: '~이(가) 비치다'와 같이 많이 쓰입니다. 예 창문에 그림자가 비치다

📅 　월　　일　⏰ 오전/오후　　:

 문장에 알맞은 낱말을 찾아 O표 하고 정확하게 따라 쓰세요. 🎧 5-15.mp3

 연못에 하늘 위 구름 모습이 [비춰요 | 비쳐요].

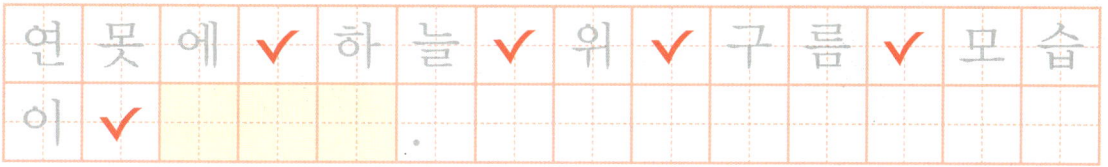

| 연 | 못 | 에 | ✓ | 하 | 늘 | ✓ | 위 | ✓ | 구 | 름 | ✓ | 모 | 습 |
| 이 | ✓ | | | | | | | | | | | | |

 무대 위에 조명을 [비춰서 | 비쳐서] 환해요.

| 무 | 대 | ✓ | 위 | 에 | ✓ | 조 | 명 | 을 | ✓ | | | | ✓ |
| 환 | 해 | 요 | . | | | | | | | | | | |

 손전등을 [비춰서 | 비쳐서] 구석구석 살펴요.

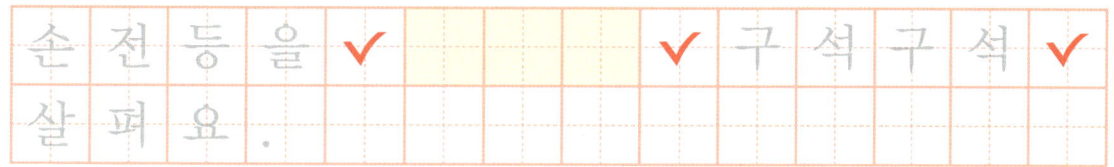

| 손 | 전 | 등 | 을 | ✓ | | | | ✓ | 구 | 석 | 구 | 석 | ✓ |
| 살 | 펴 | 요 | . | | | | | | | | | | |

 잘못 쓴 부분을 찾아 X표 하고 뜻에 맞게 고쳐 쓰세요.  5-16.mp3

❶ 달빛이 환하게 길을 비쳐 줘요.

→ _____

❷ 호수 위에 별빛이 반짝반짝 비추고 있어요.

→ _____

44일차 비슷해 보이지만 뜻이 달라요 – '안'과 '못'
안 / 못

'안'은 '그렇지 않다'라는 부정이나 반대의 뜻을 나타내는 말이에요. '못'은 '그렇게 할 수 없다'라는 뜻을 나타내는데, 어떤 동작을 할 수 없거나 어떤 수준에 맞지 않고 모자라다는 뜻이에요. '안'과 '못'은 둘 다 '그렇지 않음'을 나타내지만 의미에 따라서 구별해서 사용해야 해요.

안
'하기 싫다'라는 말과 함께 기억해요.
하기 싫어서 일부러 안 하는 경우에 '안'을 사용해요.
예) 싫어하는 당근이 들어서 안 먹었어요.

못
'할 수 없다'라는 말과 함께 기억해요.
어쩔 수 없이 못 하는 경우에 '못'을 사용해요.
예) 아침에 늦잠을 자서 못 먹었어요.

엄마는 선생님!
'안과 '못'을 사용한 부정문에는 짧은 것과 긴 것이 있습니다. 긴 부정문은 다음과 같이 만들 수 있습니다.
- 안: 싫어하는 당근이 있어서 먹지 않았어요. ('-지 않다'를 사용한 긴 부정문)
- 못: 아침에 늦잠을 자서 먹지 못했어요. ('-지 못하다'를 사용한 긴 부정문)

📅 　월　　일　⏰ 오전/오후　　:

 문장에 알맞은 낱말을 찾아 O표 하고 정확하게 따라 쓰세요. 🎧 5-17.mp3

 지금은 비가 [안 | 못] 오고 있어요.

| 지 | 금 | 은 | ✓ | 비 | 가 | ✓ | | ✓ | 오 | 고 | ✓ | 있 | 어 |
| 요 | . |

 배가 아파서 밥을 [안 | 못] 먹었어요.

| 배 | 가 | ✓ | 아 | 파 | 서 | ✓ | 밥 | 을 | ✓ | | ✓ | 먹 | 었 |
| 어 | 요 | . |

친구가 화가 나서 나에게 말을 [안 | 못] 해요.

| 친 | 구 | 가 | ✓ | 화 | 가 | ✓ | 나 | 서 | ✓ | 나 | 에 | 게 | ✓ |
| 말 | 을 | ✓ | | ✓ | 해 | 요 | . |

 잘못 쓴 부분을 찾아 X표 하고 뜻에 맞게 고쳐 쓰세요.

❶ 일찍 자서 축구 경기를 안 봤어요.

→ _____

❷ 강물이 불어서 강을 안 건넜어요.

→ _____

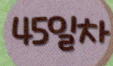 **45일차** 비슷해 보이지만 뜻이 달라요 – '작다'와 '적다'
작다 / 적다

친구보다 키가 작다.   왼쪽의 사과가 더 적다.

 '작다'는 길이나 넓이, 부피 등이 다른 것이나 보통보다 덜하다는 뜻이에요. 반대말은 '크다'이지요. '적다'는 수나 양, 정도가 일정한 기준에 미치지 못한다는 뜻이에요. 반대말은 '많다'예요. '작다'와 '적다'는 뜻이 다르지만 모양이 비슷해서 혼동하는 경우가 많아요. '키는 작지만 밥은 적게 먹지 않는다'라는 문장으로 뜻과 쓰임을 기억해 봐요.

| 작 | 다 | 반대말인 '크다'를 함께 기억해요.
키나 길이, 부피, 면적이 보통보다 덜하다는 뜻이에요.
예) 작년에 입던 옷이 올해는 작아요. |

| 적 | 다 | 반대말인 '많다'를 함께 기억해요.
수나 양이 보통보다 모자랄 때 쓰는 말이에요.
예) 밥을 적게 먹어서 금세 배고파졌어요. |

📅 월   일   🕐 오전 오후 :

🍄 문장에 알맞은 낱말을 찾아 O표 하고 정확하게 따라 쓰세요.   5-19.mp3

 동생은 키는 작지만 | 적지만 힘이 세요.

| 동 | 생 | 은 | ✓ | 키 | 는 | ✓ | | | | ✓ | 힘 | 이 | ✓ |
| 세 | 요 | . | | | | | | | | | | | |

 올해는 작년보다 비가 작게 | 적게 내렸어요.

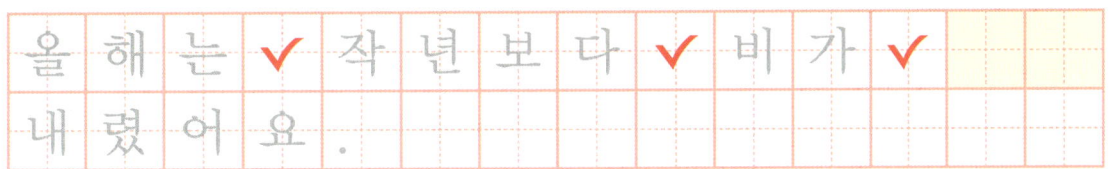

 글자가 너무 작아서 | 적어서 잘 안 보여요.

🎃 잘못 쓴 부분을 찾아 X표 하고 뜻에 맞게 고쳐 쓰세요.   5-20.mp3

❶ 저는 말수가 작은 편이에요.
   →

❷ 작년에 입던 옷이 적어졌어요.
   →

확인 학습

1. 다음 문장에 들어갈 알맞은 낱말을 찾아 ○표 하세요.

① 가족 모두가 건강하기를 [바라요 / 바래요].

② 감기에 걸려서 학교에 [안 / 못] 갔어요.

③ 이웃들을 초대해서 신나는 잔치를 [벌려요 / 벌여요].

④ 배고픈데 음식 양이 너무 [적어요 / 작아요].

2. 빈칸에 들어갈 알맞은 낱말을 찾아 쓰세요.

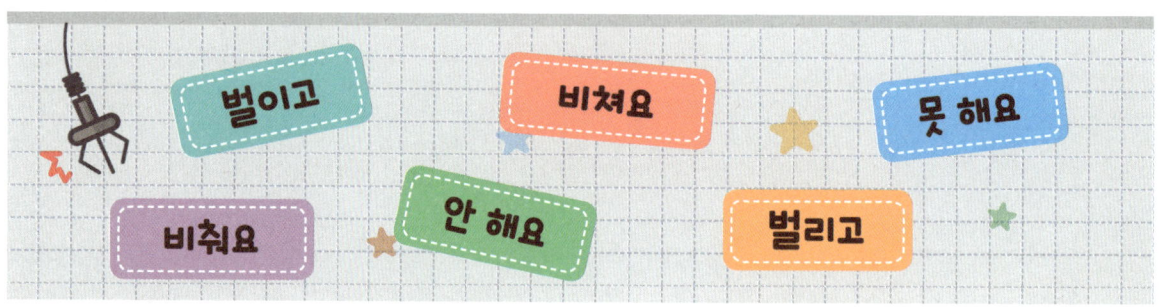

벌이고, 비쳐요, 못 해요, 비춰요, 안 해요, 벌리고

① 언니가 화나서 저에게 말을 ( ).

② 달빛이 어두운 거리를 환하게 ( ).

③ 입을 크게 ( ) 깔깔깔 웃어요.

3. 밑줄 친 낱말을 알맞게 고쳐 쓰세요.

① 작년에 입던 옷이 **적어졌어요**. →

② 머리에 열이 나서 잠을 **안** 잤어요. →

③ 색이 **바란** 사진 한 장을 찾았어요. →

월   일   맞은 개수   개

정답 | 137쪽

4. 빈칸에 들어갈 알맞은 낱말을 찾아 선으로 이으세요.

① 키가 (   ) 굽이 높은 신발만 신어요.
　　㉠ 작아서
　　㉡ 적어서

② 연말에는 불우 이웃 돕기 운동을 (   ).
　　㉠ 벌려요
　　㉡ 벌여요

③ 창문에 커다란 동물 그림자가 (   ).
　　㉠ 비춰요
　　㉡ 비쳐요

④ 우리 우정이 변하지 않기를 (   ).
　　㉠ 바라
　　㉡ 바래

5. 다음 중 맞는 것에 O, 틀린 것에 X표 하고, 틀린 낱말을 바르게 고쳐 쓰세요.

㉠ 횃불을 비쳐 어두운 동굴 안을 살펴봐요.　(　　)

㉡ 개구리 올챙이 적 생각 안 한다는 속담이 있어요.　(　　)

㉢ 햇볕에 신발을 말렸더니 색이 바랬어요.　(　　)

① ____의 _____을(를) _____(으)로 고쳐야 해요.

② ____의 _____을(를) _____(으)로 고쳐야 해요.

부록

- 정답
- 맞춤법 놀이카드

정답

제1장 소리가 비슷해서 틀리기 쉬워요

1일차 12~13쪽

- 띠고
- 띄어요
- 띄지

❶ 눈에 띠게 국어 실력이 늘었어요.
→ 띄게

❷ 아이가 환한 미소를 띄고 있어요.
→ 띠고

2일차 14~15쪽

- 베고
- 베니
- 배었어요

❶ 가위에 손을 배지 않게 조심하세요.
→ 베지

❷ 나도 모르게 웃음이 배어 나와요.
→ 배어

3일차 16~17쪽

- 세어
- 새었어요
- 세었어요

❶ 물살이 새서 강을 건널 수 없어요.
→ 세서

❷ 밤이 세도록 게임을 하면 안 돼요.
→ 새도록

4일차 18~19쪽

- 여윈
- 여위었어요
- 여의었어요

❶ 고생하신 할머니 손이 여의었어요.
→ 여위었어요

❷ 전쟁으로 부모님을 여위었대요.
→ 여의었대요

5일차 20~21쪽

- 채
- 체
- 채

❶ 신발을 신은 체 들어가면 안 됩니다.
→ 채

❷ 알면서 모르는 채하지 마세요.
→ 체하지

확인 학습 22~23쪽

1. ❶ 띄어요 ❷ 채 ❸ 베었어요
   ❹ 새도록
2. ❶ 띄게 ❷ 여의었어요 ❸ 배어
3. ❶ 새는 ❷ 베어 ❸ 여위었어요
4. ❶ ㉡ 띄어요
   ❷ ㉠ 베고
   ❸ ㉡ 배었어요
   ❹ ㉡ 채
5. O / X / X
   ❶ ㉡의 띄고를 띠고로 고쳐야 해요.
   ❷ ㉢의 새어를 세어로 고쳐야 해요.

6일차 24~25쪽

- 그러므로
- 그럼으로
- 그러므로

❶ 가위는 위험해요. 그럼으로 조심히 써야 해요.
→ 그러므로

❷ (일찍 일어나요.) 그러~~므~~로 알찬 하루를 보낼 수 있어요.
→ 그럼으로

7일차 26~27쪽
- 넘어
- 너머
- 넘어

❶ 엄마와 고개 너~~머~~로 밤을 주우러 가요.
→ 너머로

❷ 강을 넘고 산을 너~~머~~ 봄이 찾아왔어요.
→ 넘어

8일차 28~29쪽
- 드러내며
- 드러냈어요
- 들어내니

❶ 이 글은 주제를 잘 들어~~내~~고 있어요.
→ 드러내고

❷ 창고의 물건을 드~~러~~낸 뒤 정리해요.
→ 들어낸

9일차 30~31쪽
- 무난해서
- 문안
- 무난하게

❶ 친구가 아파서 병~~무~~난을 가요.
→ 병문안을

❷ 문~~안~~한 색깔의 옷을 입었어요.
→ 무난한

10일차 32~33쪽
- 조려요
- 졸였더니
- 졸여요

❶ 마음을 조리면서 친구를 기다려요.
→ 졸이면서

❷ 오늘 저녁 반찬은 생선~~졸~~임이에요.
→ 생선조림

확인 학습 34~35쪽
1. ❶ 들어내어 ❷ 문안해요 ❸ 그럼으로 ❹ 넘어
2. ❶ 드러나요 ❷ 너머 ❸ 조리는
3. ❶ 드러냈어요 ❷ 조려서 ❸ 무난한
4. ❶ ㉠ 넘어
   ❷ ㉠ 무난해요
   ❸ ㉡ 드러내요
   ❹ ㉡ 졸여요
5. X / O / X
   ❶ ㉠의 조리세요를 졸이세요로 고쳐야 해요.
   ❷ ㉢의 그럼으로를 그러므로로 고쳐야 해요.

제2장 받침을 구별해서 써요

11일차 38~39쪽
- 갖고
- 같아요
- 갖다

❶ 소풍에 갗~~고~~ 갈 준비물을 챙겨요.
→ 갖고

❷ 친구와 취미도 갖~~고~~ 성격도 비슷해요.
→ 같고

131

정답

12일차 40~41쪽

- 거쳐
- 거쳐서
- 걷힌

❶ 도서관을 걷혀서 집으로 가요.
→ 거쳐서

❷ 안개가 거쳐서 앞이 잘 보여요.
→ 걷혀서

13일차 42~43쪽

- 낳고
- 나아요
- 낳고

❶ 감기가 빨리 낳았으면 좋겠어.
→ 나았으면

❷ 오늘 소가 송아지를 나았어요.
→ 낳았어요

14일차 44~45쪽

- 빗어요
- 빗어
- 빗은

❶ 머리를 못 빚어서 엉망이에요.
→ 빗어서

❷ 정성스럽게 송편을 빗어요.
→ 빚어요

15일차 46~47쪽

- 싸여
- 쌓여
- 쌓여

❶ 동굴 속에 보물들이 싸여 있어요.
→ 쌓여

❷ 종이에 쌓여 무엇인지 알 수 없어요.
→ 싸여

확인 학습 48~49쪽

1. ❶ 걷혀 ❷ 같아요 ❸ 쌓여요
   ❹ 나아서
2. ❶ 걷히자 ❷ 빚어 ❸ 쌓인
3. ❶ 빗어요 ❷ 갖다 ❸ 낫다
4. ❶ ㉠ 거치면
   ❷ ㉡ 쌓으며
   ❸ ㉡ 갖고
   ❹ ㉡ 빚어요
5. X / X / O
   ❶ ㉠의 빗고를 빚고로 고쳐야 해요.
   ❷ ㉡의 걷혀를 거쳐로 고쳐야 해요.

16일차 50~51쪽

- 안쳐요
- 앉히고
- 앉히고

❶ 쌀을 씻어서 밥솥에 앉혔어요.
→ 안쳤어요

❷ 동생을 그네에 안쳤어요.
→ 앉혔어요

17일차 52~53쪽

- 앉을
- 앉아
- 앉아서

❶ 친구와 나란히 앉아 이야기해요.
→ 앉아

❷ 그 영화는 아직 보지 앉았어요.
→ 않았어요

18일차 54~55쪽

- 어떡해
- 어떻게
- 어떻게

❶ 이 문제는 어떻해 푸나요?
→ 어떻게

❷ 늦잠을 자 버렸어. 어떻게.
→ 어떡해

19일차 56~57쪽

- 집어요
- 짚고
- 집어서

❶ 이마를 집어 보니 열이 나요.
→ 짚어

❷ 떨어진 지갑을 짚어 돌려줘요.
→ 집어

20일차 58~59쪽

- 찢어졌어요
- 찧어서
- 찢어서

❶ 망치질을 하다 손가락을 찢었어요.
→ 찧었어요

❷ 선물 포장지를 찧어서 버려요.
→ 찢어서

확인 학습 60~61쪽

1. ❶ 앉고 ❷ 찢어진 ❸ 어떡해 ❹ 앉혀
2. ❶ 어떻게 ❷ 짚고 ❸ 앉혀
3. ❶ 앉아서 ❷ 집어 ❸ 찧었어요
4. ❶ ⓒ 앉아요
   ❷ ㉠ 짚어

❸ ㉠ 앉혀요
❹ ⓒ 어떻게

5. O / X / X
   ❶ ⓒ의 집고를 짚고로 고쳐야 해요.
   ❷ ⓒ의 어떻게요를 어떡해요로 고쳐야 해요.

제3장 띄어쓰기로 바른 뜻을 전달해요

21일차 64~65쪽

❶ 꽃에∨물을∨주어요.
❷ 동생과∨심부름을∨가요.

22일차 66~67쪽

❶ 이름도∨쓸∨줄∨몰라요.
❷ 잠시∨갈∨데가∨있어요.

23일차 68~69쪽

❶ 배∨한∨척이∨떠∨있어요.
❷ 동생은∨다섯∨살이에요.

24일차 70~71쪽

❶ 농구와∨야구∨등을∨좋아해요.
❷ 사과와∨배∨따위의∨과일

25일차 72~73쪽

❶ 동생이랑∨싸웠어요.
❷ 과일∨중에∨딸기만∨좋아해요.

확인 학습 74~75쪽

1. ❶ 친구와 ❷ 오천 원
   ❸ 자전거가 빠르게 ❹ 지킬 수
2. ❶ 부러울∨따름 ❷ 입을∨것이
   ❸ 네∨조각
3. ❶ 물∨한∨잔만∨주세요.
   ❷ 저는∨내년에∨열두∨살이∨돼요.
   ❸ 아직∨한자를∨쓸∨줄∨몰라요.

정답

4. ① ㉠ 두 명 내지 세 명
   ② ㉡ 중국 및 일본
   ③ ㉢ 집에서부터
5. X / O / X
   ① ㉠의 밥 만을 밥만으로 고쳐야 해요.
   ② ㉢의 빛날만큼을 빛날 만큼으로 고쳐야 해요.

26일차 76~77쪽
① 얼마만큼∨남았어요?
② 조금밖에∨남지∨않았어요.

27일차 78~79쪽
① 박건우∨군을∨소개합니다.
② 김훈∨박사님이∨큰∨상을∨받았어요.

28일차 80~81쪽
① 친구와∨마주치면∨인사해요.
② 놀라서∨심장이∨덜컹덜컹해요.

29일차 82~83쪽
① 빛∨좋은∨개살구라는∨말이∨있어요.
② 한겨울을∨나기∨위해∨준비를∨해요.

30일차 84~85쪽
① 우리는∨동갑내기∨친구예요.
② 떡볶이∨천∨원어치∨주세요.

확인 학습 86~87쪽
1. ① 울보 ② 한가운데 ③ 햇과일
   ④ 바느질
2. ① 때처럼 ② 운동하고 ③ 참사랑
3. ① 호랑이같이∨무서운∨선생님
   ② 맨발로∨모래∨위를∨뛰어요.
   ③ 애벌레가∨꿈틀꿈틀해요.
4. ① ㉡ 하나뿐인

② ㉠ 강감찬 장군님
③ ㉡ 이천 원어치
5. X / X / O
① ㉠의 가수 만큼을 가수만큼으로 고쳐야 해요.
② ㉡의 쟁반 같이를 쟁반같이로 고쳐야 해요.

제4장 쓰임새를 구별해서 써요

31일차 90~91쪽
• 돼요
• 됐어요
• 됩니다

① 다음 주나 돼야 갈 수 있어요.
→ 돼야

② 아픈 사람을 돕는 의사가 되고 싶어요.
→ 되고

32일차 92~93쪽
• 웃옷
• 위층
• 윗몸

① 윗어른의 말씀에 귀 기울여요.
→ 웃어른

② 아랫집에서 웃집으로 이사해요.
→ 윗집

33일차 94~95쪽
• 겹겹이
• 나란히
• 틈틈이

❶ 구슬을 줄~~줄~~히 꿰어 팔찌를 만들어요.
→ 줄줄이

❷ 집에 오면 먼저 손발을 깨~~끗~~히 씻어요.
→ 깨끗이

34일차 96~97쪽
- 이따가
- 이따가
- 있다가

❶ 우리 있~~다~~가 이야기 좀 하자.
→ 이따가

❷ 조금 더 여기 이~~따~~가 갈게요.
→ 있다가

35일차 98~99쪽
- 멋쟁이
- 미장이
- 방귀쟁이

❶ 양복~~쟁~~이는 양복을 만드는 사람이에요.
→ 양복장이

❷ 거짓말~~쟁~~이의 말은 믿을 수 없어요.
→ 거짓말쟁이

확인 학습 100~101쪽
1. ❶ 웃어른 ❷ 되고 ❸ 수다쟁이
   ❹ 따뜻이
2. ❶ 있다가 ❷ 나란히 ❸ 위층
3. ❶ 줄줄이 ❷ 됐어요 ❸ 이따가
4. ❶ ㉡ 웃옷
   ❷ ㉠ 있다가
   ❸ ㉡ 돼요
   ❹ ㉡ 방귀쟁이

5. O / X / X
   ❶ ㉡의 옹기쟁이를 옹기장이로 고쳐야 해요.
   ❷ ㉢의 되야를 돼야로 고쳐야 해요.

제5장 비슷해 보이지만 뜻이 달라요

36일차 104~105쪽
- 껍데기로
- 껍질이
- 껍질을

❶ 바닷가에서 소라 껍~~질~~을 주웠어요.
→ 껍데기를

❷ 귤 껍~~데~~기를 말려 차를 만들어요.
→ 껍질을

37일차 106~107쪽
- 늘인
- 늘려
- 늘여요

❶ 엿가락을 길게 늘~~려~~ 먹어요.
→ 늘여

❷ 좁은 운동장을 크게 늘~~여~~요.
→ 늘려요

38일차 108~109쪽
- 담가
- 담아요
- 담근

❶ 전통 방식을 따라 된장을 담~~아~~요.
→ 담가요

❷ 마음을 담~~가~~ 친구에게 편지를 써요.
→ 담아

정답

39일차 110~111쪽
- 로서
- 로써
- 로써

❶ 입학한 지 올해로서 6년이 되었어요.
→ 올해로써

❷ 학생으로써 나쁜 일은 하면 안 돼요.
→ 학생으로서

40일차 112~113쪽
- 맞혀
- 맞춰
- 맞히기

❶ 부품을 맞혀서 로봇을 완성해요.
→ 맞춰서

❷ 화살을 과녁 한가운데 맞췄어요.
→ 맞혔어요

확인 학습 114~115쪽
1. ❶ 담아요 ❷ 껍데기 ❸ 로써
   ❹ 늘리려고
2. ❶ 담은 ❷ 맞춰 ❸ 늘리기
3. ❶ 맞혔어요 ❷ 껍질 ❸ 담가요
4. ❶ ㉠ 로서
   ❷ ㉠ 껍질
   ❸ ㉠ 맞혔어요
   ❹ ㉡ 늘여요
5. X / O / X
   ❶ ㉠의 껍질을을 껍데기를으로 고쳐야 해요.
   ❷ ㉢의 말로서를 말로써로 고쳐야 해요.

41일차 116~117쪽
- 바라요
- 바랬어요
- 바라고

❶ 전학 가서도 건강하기를 바래.
→ 바라

❷ 일기장의 색이 누렇게 바랐어요.
→ 바랬어요

42일차 118~119쪽
- 벌려
- 벌여
- 벌릴

❶ 오늘은 돈이 많이 벌였어요.
→ 벌렸어요

❷ 친구와 비밀 작전을 벌려요.
→ 벌여요

43일차 120~121쪽
- 비쳐요
- 비춰서
- 비춰서

❶ 달빛이 환하게 길을 비춰 줘요
→ 비춰

❷ 호수 위에 별빛이 반짝반짝 비추고 있어요.
→ 비치고

44일차 122~123쪽
- 안
- 못
- 안

❶ 일찍 자서 축구 경기를 ~~안~~ 봤어요.
→ 못

❷ 강물이 불어서 강을 ~~안~~ 건넜어요.
→ 못

45일차 124~125쪽
- 작지만
- 적게
- 작아서

❶ 저는 말수가 ~~작은~~ 편이에요.
→ 적은

❷ 작년에 입던 옷이 적어~~졌어요~~.
→ 작아졌어요

확인 학습 126~127쪽

1. ❶ 바라요 ❷ 못 ❸ 벌여요
   ❹ 적어요
2. ❶ 안 해요 ❷ 비춰요 ❸ 벌리고
3. ❶ 작아졌어요 ❷ 못 ❸ 바랜
4. ❶ ㉠ 작아서
   ❷ ㉡ 벌여요
   ❸ ㉡ 비쳐요
   ❹ ㉠ 바라
5. X / X / O
   ❶ ㉠의 비쳐를 비춰로 고쳐야 해요.
   ❷ ㉡의 안을 못으로 고쳐야 해요.

가장 쉬운 초등 맞춤법 띄어쓰기 〈꽃잎편〉 하루 한 장의 기적

초판 4쇄 | 2023년 4월 20일

지은이 | 동양북스 콘텐츠기획팀
발행인 | 김태웅
책임 편집 | 길혜진, 이선민
디자인 | 남은혜, 신효선
마케팅 | 나재승
제　작 | 현대순

발행처 | (주)동양북스
등　록 | 제 2014-000055호
주　소 | 서울시 마포구 동교로22길 14 (04030)
구입 문의 | 전화 (02)337-1737　　팩스 (02)334-6624
내용 문의 | 전화 (02)337-1762　　dybooks2@gmail.com

ISBN 979-11-5768-572-1　73700

ⓒ 동양북스, 2019

▶ 본 책은 저작권법에 의해 보호를 받는 저작물이므로 무단 전재와 복제를 금합니다.
▶ 잘못된 책은 구입처에서 교환해드립니다.
▶ 도서출판 동양북스에서는 소중한 원고, 새로운 기획을 기다리고 있습니다.
　 http://www.dongyangbooks.com, m.dongyangbooks.com(모바일)

이 도서의 국립중앙도서관 출판예정도서목록(CIP)은 서지정보유통지원시스템 홈페이지(http://seoji.nl.go.kr)와
국가자료공동목록시스템(http://www.nl.go.kr/ kolisnet)에서 이용하실 수 있습니다. (CIP제어번호:CIP2019048274)

재미있게 맞춤법 놀이를 해 보세요

| 눈에 **띠게 : 띄게** 키가 자랐어요. | 미소 **띤 : 띈** 얼굴이 정말 예뻐요. |

| 김치 국물이 옷에 **배었어요. : 베었어요.** | 엄마 무릎을 **배요. : 베요.** |

| 천장에서 물이 **세요. : 새요.** | 저금통의 동전을 **세요. : 새요.** |

| 며칠 밥을 못 먹어서 **여의었어요. : 여위었어요.** | 어릴 때 부모님을 **여의었어요. : 여위었어요.** |

정답

2. 띤
- 띠다: 빛깔이나 색채 등을 가지다, 감정이나 기운 등을 나타내다.
- 띄다: 눈에 보이다, 남보다 훨씬 두드러지다.

1. 띄게
- 띄다: 눈에 보이다, 남보다 훨씬 두드러지다.
- 띠다: 빛깔이나 색채 등을 가지다, 감정이나 기운 등을 나타내다.

4. 베요
- 베다: 누울 때 어떤 물건 또는 몸의 일부분을 머리 아래에 두는 것
- 배다: 스며들거나 스며 나오는 것, 버릇이 되어 익숙해지는 것

3. 배었어요
- 배다: 스며들거나 스며 나오는 것, 버릇이 되어 익숙해지는 것
- 베다: 누울 때 어떤 물건 또는 몸의 일부분을 머리 아래에 두는 것

6. 세요
- 세다: 힘이나 기세 등이 강하다, 수를 헤아리다.
- 새다: 물, 공기, 빛, 소리, 비밀 등이 빠져나가다.

5. 새요
- 새다: 물, 공기, 빛, 소리, 비밀 등이 빠져나가다.
- 세다: 힘이나 기세 등이 강하다, 수를 헤아리다.

8. 여의었어요
- 여의다: 부모님이나 사랑하는 사람이 죽어서 이별하다.
- 여위다: 몸에 살이 빠져 마르다.

7. 여위었어요
- 여위다: 몸에 살이 빠져 마르다.
- 여의다: 부모님이나 사랑하는 사람이 죽어서 이별하다.

재미있게 맞춤법 놀이를 해 보세요

| 눈을 뜬 **채 : 체** 수영할 수 있어요. | 못 본 **채 : 체** 하고 지나가요. |

| 비가 많이 와요. **그러므로 : 그럼으로** 우산을 써야 해요. | 운동을 해요. **그러므로 : 그럼으로** 건강을 지켜요. |

| 담장 **너머로 : 넘어로** 공이 날아갔어요. | 도둑이 담장을 **너머요. : 넘어요.** |

| 좋아하는 마음을 **드러내요. : 들어내요.** | 가구를 방에서 **드러내요. : 들어내요.** |

⑩ 체

- 체: 그럴 듯하게 꾸미는 거짓 태도나 모양
- 채: 이미 있는 상태 그대로

⑨ 채

- 채: 이미 있는 상태 그대로
- 체: 그럴 듯하게 꾸미는 거짓 태도나 모양

⑫ 그럼으로

- 그럼으로: '그렇게 하는 것으로써'라는 수단의 의미로 쓰는 낱말
- 그러므로: 앞 문장이 뒤 문장의 이유나 원인일 때 쓰는 낱말

⑪ 그러므로

- 그러므로: 앞 문장이 뒤 문장의 이유나 원인일 때 쓰는 낱말
- 그럼으로: '그렇게 하는 것으로써'라는 수단의 의미로 쓰는 낱말

⑭ 넘어요

- 넘어: 높은 부분의 위 또는 경계를 지나가는 것
- 너머: 가로막혀 있는 사물의 저쪽이나 그 장소

⑬ 너머로

- 너머: 가로막혀 있는 사물의 저쪽이나 그 장소
- 넘어: 높은 부분의 위 또는 경계를 지나가는 것

⑯ 들어내요

- 들어내다: 물건을 들어서 밖으로 옮기다.
- 드러내다: 가려져 있거나 보이지 않던 것을 보이게 하다.

⑮ 드러내요

- 드러내다: 가려져 있거나 보이지 않던 것을 보이게 하다.
- 들어내다: 물건을 들어서 밖으로 옮기다.

재미있게 맞춤법 놀이를 해 보세요

무난한 ┆ 문안한 색깔의 옷을 입어요.	할머니, 할아버지께 **무난해요. ┆** **문안해요.**
고등어조림 ┆ **고등어졸임** 을 좋아해요.	두근두근 마음을 **조려요. ┆** **졸여요.**
같은 ┆ 갖은 색깔의 옷을 입어요.	작은 곰 인형을 **같고 싶어요. ┆** **갖고 싶어요.**
예선 경기를 **거쳐요. ┆** **걷혀요.**	먹구름이 다 **거쳤어요. ┆** **걷혔어요.**

18 문안해요
- 문안하다: 웃어른께 안부를 여쭈다.
- 무난하다: 별로 어려움이 없거나, 사람의 성격이 까다롭지 않다.

17 무난한
- 무난하다: 별로 어려움이 없거나, 사람의 성격이 까다롭지 않다.
- 문안하다: 웃어른께 안부를 여쭈다.

20 졸여요
- 졸이다: 속을 태우듯이 초조해하다.
- 조리다: 고기나 생선, 채소를 바짝 끓여서 양념이 배어들게 하다.

19 고등어조림
- 조리다: 고기나 생선, 채소를 바짝 끓여서 양념이 배어들게 하다.
- 졸이다: 속을 태우듯이 초조해하다.

22 갖고 싶어요
- 갖다: 무엇을 손에 쥐거나 몸에 지니다.
- 같다: 서로 다르지 않다.

21 같은
- 같다: 서로 다르지 않다.
- 갖다: 무엇을 손에 쥐거나 몸에 지니다.

24 걷혔어요
- 걷히다: 구름이나 안개 등이 흩어져 없어지거나 비가 그치고 맑게 개다.
- 거치다: 어떤 과정이나 단계를 겪다.

23 거쳐요
- 거치다: 어떤 과정이나 단계를 겪다.
- 걷히다: 구름이나 안개 등이 흩어져 없어지거나 비가 그치고 맑게 개다.

재미있게 맞춤법 놀이를 해 보세요

감기가 다 **나았어요.** **낳았어요.**	이모가 예쁜 아기를 **나았어요.** **낳았어요.**
세수를 하고 머리를 **빗어요.** **빚어요.**	작은 손으로 만두를 **빗어요.** **빚어요.**
선물이 포장지에 **싸여 있어요.** **쌓여 있어요.**	책상에 먼지가 **싸여 있어요.** **쌓여 있어요.**
밥솥에 쌀을 **안쳐요.** **앉혀요.**	동생을 무릎에 **안쳐요.** **앉혀요.**

26 낳았어요
- 낳다: 배 속의 아이, 새끼, 알을 몸 밖으로 내놓다.
- 낫다: '보다 더 좋거나 앞서 있다', 또는 '병이나 상처 등이 고쳐져 원래대로 되다'.

25 나았어요
- 낫다: '보다 더 좋거나 앞서 있다', 또는 '병이나 상처 등이 고쳐져 원래대로 되다'.
- 낳다: 배 속의 아이, 새끼, 알을 몸 밖으로 내놓다.

28 빚어요
- 빚다: 흙으로 어떤 형태를 만들거나, 가루를 반죽해서 만두나 송편 등을 만들다.
- 빗다: 머리털을 빗 등으로 가지런히 정리하다.

27 빗어요
- 빗다: 머리털을 빗 등으로 가지런히 정리하다.
- 빚다: 흙으로 어떤 형태를 만들거나, 가루를 반죽해서 만두나 송편 등을 만들다.

30 쌓여 있어요
- 쌓이다: 여러 개의 물건이 겹겹이 포개어 얹히어 놓이다.
- 싸이다: 물건을 안에 넣고 보이지 않게 씌워 가려지다.

29 싸여 있어요
- 싸이다: 물건을 안에 넣고 보이지 않게 씌워 가려지다.
- 쌓이다: 여러 개의 물건이 겹겹이 포개어 얹히어 놓이다.

32 앉혀요
- 앉히다: 사람이나 동물을 다른 물건이나 바닥에 올려 놓다.
- 안치다: 밥, 찌개 등을 만들기 위해 그 재료를 솥 등에 넣고 불 위에 올리다.

31 안쳐요
- 안치다: 밥, 찌개 등을 만들기 위해 그 재료를 솥 등에 넣고 불 위에 올리다.
- 앉히다: 사람이나 동물을 다른 물건이나 바닥에 올려 놓다.

재미있게 맞춤법 놀이를 해 보세요

자리에 편하게 **앉아요.** **않아요.**	아무것도 먹지 **앉았어요.** **않았어요.**
어떻게 하면 **어떻게 하면** **어떡해 하면** 빠르게 달릴 수 있을까?	내일 늦잠 자면 **어떻게.** **어떡해.**
젓가락으로 반찬을 **집어요.** **짚어요.**	다리를 다쳐서 목발을 **집어요.** **짚어요.**
실수로 공책을 **찢었어요.** **찧었어요.**	엉덩방아를 **찢었어요.** **찧었어요.**

정답

34. 앉았어요
- 않다: 앞말이 뜻하는 상태나 행동을 부정하는 뜻을 나타내는 말.
- 앉다: 윗몸을 세운 상태에서 엉덩이를 바닥에 붙이다.

33. 앉아요
- 앉다: 윗몸을 세운 상태에서 엉덩이를 바닥에 붙이다.
- 않다: 앞말이 뜻하는 상태나 행동을 부정하는 뜻을 나타내는 말.

36. 어떡해
- 어떡해: '어떻게 해'라는 말이 줄어든 것이에요.
- 어떻게: '어떤 방법으로', '어떤 모양으로', '어떤 이유로'라는 뜻이에요.

35. 어떻게 하면
- 어떻게: '어떤 방법으로', '어떤 모양으로', '어떤 이유로'라는 뜻이에요.
- 어떡해: '어떻게 해'라는 말이 줄어든 것이에요.

38. 짚어요
- 짚다: 바닥이나 벽, 지팡이 등에 몸을 의지하다.
- 집다: 손이나 발가락, 혹은 도구 등으로 물건을 잡아서 들다.

37. 집어요
- 집다: 손이나 발가락, 혹은 도구 등으로 물건을 잡아서 들다.
- 짚다: 바닥이나 벽, 지팡이 등에 몸을 의지하다.

40. 찧었어요
- 찧다: 무거운 물건을 들어서 아래에 있는 물체를 내리치다.
- 찢다: 물체를 잡아당겨 가르다.

39. 찢었어요
- 찢다: 물체를 잡아당겨 가르다.
- 찧다: 무거운 물건을 들어서 아래에 있는 물체를 내리치다.

재미있게 맞춤법 놀이를 해 보세요

| 내년에 중학생이 **되요.** ┊ **돼요.** | **윗어른** ┊ **웃어른**께 인사를 드려요. |

나란히 ┊ **나란이** 서서 따라오세요.

이따가 ┊ **있다가** 할머니 댁에 가요.

거짓말장이 ┊ **거짓말쟁이** 의 말은 못 믿어요.

양복쟁이 ┊ **양복장이** 의 솜씨가 대단해요.

소라 껍질 ┊ **소라 껍데기** 에서 바닷소리가 들려요.

귤 껍질 ┊ **귤 껍데기** 를 말려 차를 만들어요.

42. 웃어른

'웃-'과 '윗-'은 다른 낱말 앞에 붙어 '위'의 뜻을 더해 줘요. '위, 아래'가 반대되는 말이 없을 때는 '웃-', 있을 때는 '윗-'을 써요.

41. 돼요

- '되'로 쓰는 경우: 되다 / 되지 / 되고 / 됩니다
- '돼'로 쓰는 경우: 됐다 / 돼서 / 돼야

'돼'는 '되어'의 준말로 '돼다'라는 낱말은 없어요.

44. 이따가

- 이따가: '조금 뒤에'라는 뜻. 비슷한 말로 '이따'가 있어요.
- 있다가: '조금 머물다가'라는 뜻. 시간과 관계되는 말이에요.

43. 나란히

- '-이'로만 쓰는 낱말들의 예: 틈틈이 / 깨끗이 / 반듯이 / 줄줄이
- '-히'로만 쓰는 낱말들의 예: 나란히 / 정확히 / 가만히 / 분명히

46. 양복장이

- -장이: 어떤 기술을 가지고 있는 사람을 가리킬 때 써요.
- -쟁이: 사람의 성질이나 독특한 습관, 또는 행동을 나타낼 때 써요.

45. 거짓말쟁이

- -쟁이: 사람의 성질이나 독특한 습관, 또는 행동을 나타낼 때 써요.
- -장이: 어떤 기술을 가지고 있는 사람을 가리킬 때 써요.

48. 귤 껍질

- 껍질: 물체의 겉을 감싸고 있는 단단하지 않은 물질을 가리켜요.
- 껍데기: 물체의 겉을 감싸고 있는 단단한 물질을 가리켜요.

47. 소라 껍데기

- 껍데기: 물체의 겉을 감싸고 있는 단단한 물질을 가리켜요.
- 껍질: 물체의 겉을 감싸고 있는 단단하지 않은 물질을 가리켜요.

재미있게 맞춤법 놀이를 해 보세요

| 부족한 도서관 의자를
늘려요.
늘여요. | 짧아진 바지를
늘려요.
늘여요. |

| 집에서 직접 김치를
담가요.
담아요. | 과일을 접시에
담가요.
담아요. |

| **선배로서**
선배로써
후배를 도와줘요. | **대화로서**
대화로써
갈등을 해결해요. |

| 퀴즈의 정답을
맞춰요.
맞혀요. | 친구와 답안지를
맞춰 봐요.
맞혀 봐요. |

49 늘려요
- 늘리다: 원래보다 많거나 크게 하다.
- 늘이다: 어떤 것을 원래보다 더 길게 하다.

50 늘여요
- 늘이다: 어떤 것을 원래보다 더 길게 하다.
- 늘리다: 원래보다 많거나 크게 하다.

51 담가요
- 담그다: 술이나 김치 등을 익게 하려고 그릇에 넣는 것
- 담다: 어떤 물건을 그릇 등에 담거나, 그림, 글 등에 생각을 나타내는 것

52 담아요
- 담다: 어떤 물건을 그릇 등에 담거나, 그림, 글 등에 생각을 나타내는 것
- 담그다: 술이나 김치 등을 익게 하려고 그릇에 넣는 것

53 선배로서
- –로서: 어떤 지위나 신분, 자격을 나타내는 말
- –로써: 어떤 일의 수단이나 도구, 재료를 나타내는 말

54 대화로써
- –로써: 어떤 일의 수단이나 도구, 재료를 나타내는 말
- –로서: 어떤 지위나 신분, 자격을 나타내는 말

55 맞혀요
- 맞히다: 문제에 대한 답을 옳게 대다.
- 맞추다: '서로 떨어져 있는 부분을 제자리에 맞게 붙이다', '둘 이상의 대상을 나란히 놓고 비교하여 살피다'.

56 맞춰 봐요
- 맞추다: '서로 떨어져 있는 부분을 제자리에 맞게 붙이다', '둘 이상의 대상을 나란히 놓고 비교하여 살피다'.
- 맞히다: 문제에 대한 답을 옳게 대다.

재미있게 맞춤법 놀이를 해 보세요

할머니가 건강하시길 **바래요.** **바라요.**	사진의 색이 **바랬어요.** **바랐어요.**
어두운 곳에 손전등을 **비쳐요.** **비춰요.**	창가에 달빛이 **비쳐요.** **비춰요.**
치과에서 입을 크게 **벌려요.** **벌여요.**	배가 아파서 **못 안** 먹어요.
작년에 입던 바지가 **작아요.** **적어요.**	친구는 말수가 **작아요.** **적어요.**

58. 바랬어요
- 바래다: 햇빛이나 습기 때문에 색이 옅어지거나 누렇게 변하다.
- 바라다: 생각이나 희망대로 어떤 일이 이루어지기를 기대하다.

57. 바라요
- 바라다: 생각이나 희망대로 어떤 일이 이루어지기를 기대하다.
- 바래다: 햇빛이나 습기 때문에 색이 옅어지거나 누렇게 변하다.

60. 비쳐요
- 비치다: 빛이 나서 환하게 되다, 빛을 받아 모양이 나타나 보이다.
- 비추다: 빛을 내는 것이 다른 것을 밝게 하거나 나타나게 하다.

59. 비춰요
- 비추다: 빛을 내는 것이 다른 것을 밝게 하거나 나타나게 하다.
- 비치다: 빛이 나서 환하게 되다, 빛을 받아 모양이 나타나 보이다.

62. 못
- 못: '그렇게 할 수 없다'라는 뜻을 나타내는 말
- 안: '그렇지 않다'라는 부정이나 반대의 뜻을 나타내는 말

61. 벌려요
- 벌리다: 붙어 있는 둘 사이를 넓히거나 열리게 하다.
- 벌이다: '일을 계획하여 시작하거나 펼치다', '여러 개의 물건을 늘어놓다'.

64. 적어요
- 적다: 수나 양, 정도가 일정한 기준에 미치지 못하다. 반대말은 '많다'.
- 작다: 길이나 넓이, 부피 등이 다른 것이나 보통보다 덜하다. 반대말은 '크다'.

63. 작아요
- 작다: 길이나 넓이, 부피 등이 다른 것이나 보통보다 덜하다. 반대말은 '크다'.
- 적다: 수나 양, 정도가 일정한 기준에 미치지 못하다. 반대말은 '많다'.